불교는 없다

불교는 없다

- 초판 1쇄 발행 2014년 4월 2일

- 엮은이 임원주
- 펴낸이 여승철
- 펴낸곳 도서출판 예하

- 등록번호 제315-2014-005호
- 등록일자 2014. 2. 12.
- 주소 서울시 강서구 공항대로 59다길 276(염창동)
- 전화 02-826-8802 팩스 02-826-8803

- 정가 6,000원
- ISBN 979-11-952338-0-9

＊파본은 교환해 드립니다.
＊이 출판물은 저작권법에 의해 보호를 받는
　저작물이므로 무단 복제할 수 없습니다.
＊독자의 의견을 기다립니다.
＊sunvision1@hanmail.net

佛教

'불교는 혼합종교이며 모방종교이다'라는 명제의 확인!

'불교는 없다' 라고 감히 선언합니다. 불교가 무엇이냐는 가장 기본적인 질의는 석가모니의 가르침을 추구한다는 것인데, 실제로 우리가 접하는 불교는 그런 '불교' 가 아니기 석가모니가 진리를 발견했다지만 정말 진리를 발견했는지도 의심스럽습니다. 본인의 이 입장과 주장에 대해, 불교도들은 '안 믿으니까 그럴 수밖에 없지!' 라고 답할 것입니다. 이 확연한 역사적 사실들, 불교 자체의 증거들은 '불교 특히, 대승불교는 석가모니와 관계가 없는 종교이다' 라는 결론에 도달하게 만듭니다.

불교는 없다

는 성경 66권의 종교인데 반해, 불교는 혼합종교이며 모방종교이고, 기독교는 창조주 하나님을 영화롭게 하기 위해 하나님의 방식을 고수하는 종교인데 반해 불교는 인간의 종교로
으로 보여줍니다. 타종교인 불교를 굳이 거론하게 된 까닭은, 창조주의 종교를 추구해야 하는 주의 백성이 인간들이 만든 모방종교, 혼합종교를 모방하려는 것은 현실 매는
에 대한 작은 경종이라도 울릴 수 있다면 저자는 그 수고에 비해 활용할 수 없는 보상을 받는 것입니다.

임원주 지음

도서출판 예하

불교 특히, 한국불교는 한국의 기독교인들이 전혀 몰라도 상관이 없는 존재가 아닙니다. 한국교회가 겪고 있는 여러 병폐와 문제점들이 한국인들의 특성 때문이라면 기독교인으로서의 신앙 생활을 시작하기 전에 몸에 익었던 불교적 습성, 그리고 교회에 출석하기 시작한 뒤에도 여전히 남아 있는 불교적 잔재들이 그 원인입니다. 그러므로 우리가 뼛속 깊이 성경의 가르침을 깨닫고 몹시도 철저히 기독교적이 되지 않는 한, 적당히 기독교적인 우리는 "불교식"으로 기독교 신앙을 추구하고 있다고 말하는 것은 틀린 말이 아닙니다.

예를 들자면, 한국의 기독교인들이 유난히 기복신앙 쪽으로 기우는 경향도 실은, 한국불교의 특성 때문이라고 보아야 합니다. 율법과 복음의 문제, 믿음과 실천의 문제, 하나님의 영광을 추구하는 것과 집안의 길흉화복을 추구하는 것 사이의 문제 등등을 생각해보면, 비록 한국 사람들이 의식적으로 불교를 추구하지 않았더라도 불교적 방식이 의식구조 속에 깊이 스며있다는 것을 부인할 수 없습니다. 따라서 한국 사람이 기독교인이 될 때, 불교적 방식으로 기독교 신앙생활을 하게 될 위험성은 몹시 큽니다.

그러므로 불교를 알아야 한국교회의 병증에 대해 좀 더 명확히 알 수 있을 것입니다. 그렇다고 불교를 적극적으로, 구체적으로, 파고들어 불설(佛說)의 세세한 것을 알 필요는 없습니다. 기본적인 것, 상식적인 수준의 "개요"를 바르게 아는 것만으로도 충분할 것입니다.

본인은 이 책에서 "불교는 없다"라고 감히 선언합니다. 불교가 무엇이냐는 가장 기본적인 정의는 석가모니의 가르침을 추구한다는 것인데, 실제로 우리가 접하는 불교는 그런 '불교'가 아니기 때문입니다. 석가모니가 진리를 발견했다지만 정말 진리를 발견했는지도 의심스럽습니다. 본인의 이 입장과 주장에 대해, 불교도들은 "안 믿으니까 그럴 수밖에 없지!"라고 답할 것입니다. 하지만 본인이 확인한 역사적 사실들, 불교 자체의 증거들은 "불교 특히, 대승불교는 석가모니와 관계가 없는 종교이다"라는 결론에 도달하게 만듭니다.

이러한 비판은 이미 불교 안에서도 '대승비불설'(大乘 非佛說)로 대두되었던 것입니다. 대승비불설은 크게, 두 가지 의미로 이해하면 됩니다. 하나는 대승불교에서 사용하는 불경들은 석가모니의 가르침이 아니라는 것입니다. 석가모니 사후에 심지어, 석가모니가 죽은 지 천년이나 지난 뒤에, 필요에 따라 '경전'을 새로 만들기도 하고 편집하기도 하고 추가하기도 했던 것입니다. 그리고 대승경전은 불경이 아니라는 주장의 또 다른 의미는, 대승불교는 불교가 아니라는 극단적인 결론을 피할 수 없다는 것입니다.

결론적으로, 우리가 알고 있는 불교는 신자가 필요에 따라 다시 만들고 손질해온 종교이며, 세속적인 필요와 욕구에 따라 이것저것을 뒤섞어 자기만족을 추구하는 '혼합종교'입니다. 세속적인 탐욕을 움켜쥐고 집착하면서도 입술로 '석가모니'를 찾고 불설을 그럴듯하게 가져다 붙이는 경우도 있다는 점에서 '세속종교'라고도 말할 수 있습니다. 본인은 단지, 불교를 폄훼하기 위해 이런 극단적이기까지 한 표현을 사용하는 것이 아님을 염두에 두시기 바랍니다. 한국의 교회, 그리고 우리가 경험적으로 알고 있는 서구 기독교 역시, 그다지 다르지 않은 면모를 보였기 때문입니다. 우리는 더 늦기 전에 반성해야 합니다.

본서는 '석가모니의 가르침'이 대두된 배경과 사라지고 변질되는 과정을 간략하게 정리한 것입니다. 기독교인들이 이 과정을 간략하게나마 알아야 할 이유는, 이 과정은 인간은 어떻게 '참된 종교'를 희석시키고 변질시켰는가를 보여주는 거울이 될 수도 있기 때문입니다. 오늘날 한국의 기독교인들이 '성경의 가르침, 복음의 종교'에 대해 동일한 짓을 하고 있는 것은 아닌지 반추해볼 수 있는 기회가 되기 때문입니다. 입술로는 예수 그리스도의 이름을 부르고, 몸은 교회에 앉아 있지만, 실체는 한국불교문화의 잔재를 잔뜩 품고 있는 모습이라면 얼마나 끔찍하겠습니까? 철저한 복음주의자가 되겠다고 생각하면서도 예수 그리스도와는 상관없는 기독교를 추구하고 있다면 얼마나 끔찍하겠습니까?

불교의 실체를 알아야 할 또 하나의 이유는 우리가 전도해야 할 동포들이 무의식적으로 불교에 젖어있든지 의식적으로 불교를 추구하는 이들이기 때문입니다. 막연하게나 혹은 진지하게 의

존하고 있는 것의 허망함을 깨우쳐주고 깨뜨려주는 것은 복음전도의 과정에서 필요한 경우가 있습니다. 문제제기 자체가 놀라운일을 해내는 경우도 있을 것입니다. 무엇보다도 이 책을 통해, 기독교는 참되고 유일한 종교이며 오직 성경 말씀만 따르는 것만이선한 길이라는 신실한 확신이 더욱 커지기를 소망합니다.

본서와 동시에 출간하는 『불교를 털어내라』라는 책은 불교와기독교, 두 종교를 역사적으로 비교하는 글입니다. 불교문화의잔재를 청산해야 한다는 주제의식은 동일하지만 주제를 풀어나가는 방식은 차이가 있습니다. 『불교를 털어내라』라는 책은 기독교인들이 "오직 성경!"이라고 부르짖는 것은 그 본질적 특성 때문임을 드러내고, 이 특성이 왜 중요한지를 불교와 비교하면서보여줍니다. 한마디로, 기독교는 성경 66권의 종교인데 반해, 불교는 혼합종교이며 모방종교이고, 기독교는 창조주 하나님을 영화롭게 하기 위해 하나님의 방식을 고수하는 종교인데 반해 불교는 인간의 종교라는 점을 개괄적으로 보여줍니다. 타종교인 불교를 굳이 거론하게 된 까닭은, 창조주의 종교를 추구해야 하는 주의 백성이 인간들이 만든 모방종교, 혼합종교를 모방하려드는 어처구니없는 현실 때문입니다. 이 현실에 대한 작은 경종이라도 울릴 수 있다면 저자는 그 수고에 비해 형용할 수 없는 보상을 받는 것입니다.

평상시 그적거리며 모아두었던 졸고(拙稿)를 꺼내도록 끊임없이 격려해주고, 열심히 다듬도록 동기를 부여해준 "도서출판 예하" 관계자들과, 졸고를 진지하게 읽어주고 검토해준 진리교회 담임목사님과 믿음의 벗들에게 두루 감사를 드리지 않을 수 없습니다. 못난 원고의 첫 모습을 살펴보고 탈고할 때까지 함께 해준 사랑하는 아내의 도움으로 여기까지 올 수 있음에 진정어린 감사를 표하지 않을 수 없습니다.

하나님의 영광을 갈망하며.

임원주 배상(拜上)

목차

1

불교는 없다

—

흔히 '불교'를 '석가모니의 가르침을 따르는 종교'라고 생각한
다. 착각이다. 오늘날 우리가 아는 불교는 석가모니, 그리고 석가
모니의 가르침과는 별로 상관없다. 애초에 석가모니가 만든 '종
교'가 시대가 흘러가면서 다양해지고 더욱 풍성하고 성숙한 모습
으로 발전해서 오늘날 '불교'가 되었다는 말로 어물쩍 넘어갈 수
없을 정도로 이질적이다. 아니, 석가모니의 '문패'만 남아있을 뿐
이다.

석가모니는 자신을 신(神)으로 섬기지 말라고 했다. 그런 석가모
니의 뜻을 지키는 자들이 있고, 그 뜻을 어기고 석가모니를 신(神)
으로 섬기며 예배를 드리는 이들이 있다면, 이 두 부류의 종교는
동일한 종교가 아니다. 하나는 진짜고 다른 하나는 가짜다. 석가
모니가 아닌 비로자나불을 예배하는 종교, 아미타불을 믿는 종

교, 미륵보살을 믿는 종교, 관세음보살을 믿는 종교가 어떻게 동일한 '종교'일 수 있을까? 동일하지 않다. 불교는 없다. 천태종, 화엄종, 조계종, 법상종 등등의 서로 다른 종교가 '불교'라는 이름의 우산을 쓰고 있을 뿐이다. 똑같지 않은데도, 똑같은 우산을 쓰고 있다는 이유 때문에, 똑같다고 말하는 것은 잘못이다. '진리'는 다양한 모양으로 나타난다는 말을 빙자해서, 서로 다른 것을 같은 것이라고 주장하는 것은 '거짓'이다. 속지 말아야 한다.

'석가모니의 가르침'을 운운한다면 진짜와 가짜를 명백히 구분해야 한다. 상식적으로 우리는 인도 갠지스 강 일대에서 석가모니가 "불교"를 세웠고, 이 불교가 스리랑카를 경유하여 동남아시아로 퍼진 것이 '남방불교'이며, 서역과 중국과 한국 등 북방으로 퍼진 것을 '북방불교'라고 이해한다. 남방불교가 '자아중심적' 한계를 탈피하지 못한 '소승'불교인데 반해, 북방으로 퍼진 불교는 '대중을 끌어안는 포용력이 있다'는 즉, 그릇이 크다는 의미의 '대승'불교라는 주장을 받아들인다. 이것은 진실한 설명인가? 남방불교에서도 이 설명에 이의를 제기하지 않는다면 진실한 설명이다. 그러나 남방불교가 이 설명을 거부하면, 진짜 불교와 가짜 불교라는 문제가 생긴다. 만일 가짜의 설명만 무비판적으로 받아들여, 진짜라고 착각하면 어떻게 되는가?

근본불교는 이미 옛날에 없어졌다

'근본불교'란 '석가모니'라고 불리는 '고타마 싯다르타'가 죽기 전 45년 동안과 석가모니가 죽은 뒤 백 년 동안의 가르침에 대해, 불교에서 사용하는 표현이다. 석가모니와 그 제자들은 인도 갠지스 강 일대를 다스린 마가다 왕국의 적극적인 후원을 받으며 정원의 꽃처럼 잘 자랐다. 그러다가 석가모니 사후 백 년 쯤에, 정통파(正統派)인 장로파(상좌부, 테라바다)와 이단파(異端派)인 대중부(마하상기카)로 갈라졌다.

한쪽이 정통이고 다른 쪽이 '이단'이라고 지칭하는 사람이 있고, 둘 다 '정통'이라고 말하는 사람이 있다. 전자는 누구이고, 후자는 누구일까? 종교에서 이단문제를 심각하고 예민하게 다루는 쪽은 언제나 "정통파" 쪽이다. 종교에서 이단문제를 거론하는 것 자체가 틀려먹었다고 주장하는 쪽은 언제나, 문외한이거나 이단파 쪽이다.

상좌부는 석가모니의 직계제자와 그 정통 제자들로 구성되어 있고, 석가모니의 방식을 엄격하게 고수하고자 했다. '고행과 자아성찰'이라는 실천철학으로서의 '불교'를 그대로 유지하고자 했다. 장로파는 석가모니의 가르침을 고수하기 위해 불경을 '결집'하기로 했다. 700명의 승려가 모여 결집했다. 반면에 대중부는 석가모니의 가르침을 고수한다고 하면서도 필요하다면, 석가모니의 한계를 벗어나 브라만교(힌두교)처럼, 신격화된 부처를 두고 사제계급화를 이뤄 일반 신자를 거느리는 '종교'로 되돌아가기를 원했다. 이들은 장로들과 정통파 수행자들에 의해 자신들의 요구가 거부되자 이에 불복하여 자신들만의 '결집'을 별도로 가졌다. 1만 명이 모였다고 한다.

불교를 옹호하던 마가다 왕국은 쇠퇴했다. 마우리아 왕조가 일어나 마가다 왕국을 멸망시키고 그 영토를 접수했다(B.C. 322). 나아가서는 인도의 거의 대부분을 석권한 최초의 통일 제국을 건설했다. 마우리아 왕조는 힌두교를 억제하기 위해 불교를 더욱 적극적으로 후원했다. 그러나 당시 불교는 여러 부파(분파)로 극명하게 갈라져, 뭐가 석가모니의 가르침인지 헷갈릴 지경이었다. 심지어 불교 안에 타 종교와 사상가들이 많이 들어와 불교승려 행세를 하고 있었다. 무엇이 진짜 불설(佛說)인지 모를 지경이었다. 마우리아 왕조의 가장 걸출한 정복자이며 최초로 인도 거의 전체를 석권한 왕 아소카는 B.C. 3세기 중엽에 불교를 쇄신할 계획을 세웠다. 전국의 불교 승려들을 강제로 모이게 한 뒤에, 왕 앞에서 간단한 면접시험을 보았다. 이렇게 6만 명가량의 가짜 불승을 적발해서 몰아냈다. 그 뒤에 9개월에 걸쳐 불경을 '결집'하도록 후원했다. 정통파(상좌부)와 이단파(대중부)가 분립한지 백년 뒤의 이 불경결집을 '3차 결집'이라고 한다. 그리고 이 결과물을 훗날 '빠알리 삼장'이라고 부른다.

그러나 아소카 왕 때 불경을 '결집'한 기준, 불경의 정확한 목록, 본문 등에 관한 실상은 정확하게 알려지지 않았다. 결집한 불경 자체도 문자로 기록하지 않았다. 무엇을 더했는지 뺐는지도 모른다. 암기를 잘하는 승려가 모조리 외워서 후대에 전달하는 방식을 택했다는 것만 알려진다. '빠알리 삼장' 전체를 외우는 불승(佛僧)을 '삼장법사'(三藏法師)라고 한다. A.D. 7세기 전반부의 당나라 사람 현장이 삼장법사였다. 지금도 미얀마는 '삼장법사' 국가고시가 있다. '밍곤'이라는 늙은 승려가 삼장법사 국가고시를 역대 최우수 성적으로 합격했는데 일흔이 넘은 지금도 400페이지로 된 책, 40권 분량 전체를 한 글자도 틀리지 않고 외운다고 한다.

마우리아 왕조는 3차 결집을 한 뒤 대략 백 년 뒤에 멸망했다. 그 뒤에는 불교를 보호하고 후원하는 인도계 왕조가 없었다. 불교는 학문적 측면에서도 종교의 측면에서도 인도에서 거부되었다. 마우리아 왕조 이후에 불교를 후원한 왕조는 '서역'에 기반을 두고 인도 북서부를 침략해 들어온 이민족 '쿠샨 왕조'였다. 쿠샨 왕조는 서역 일대를 다스린 왕조이지만, 왕도(王都)를 인도 서북단 카슈미르 지방으로 옮기고 갠지스 강 일대를 넘봤다. 당시 갠지스 강 일대를 지배한 안드라 왕조는 힌두교를 후원하면서 불교를 탄압하고 있었다. 이 무렵에는 석가모니가 극복하고자 했던 브라만교가 매우 강력하게 부상하면서, 힌두교로 발전했다. 힌두교는 인도를 통합하는 학문적 실력과 종교적 저력을 두루 갖췄다. 힌두교에서 볼 때 '불교'는 힌두교의 여러 분파 가운데 하나였을 뿐이다. 불교는 힌두교를 열심히 모방했다.

당나라 현장(A.D. 600-664)이 인도의 나란다 사원에 유학을 가서 '산스크리트어'를 배웠다. 이 무렵 즉, 7세기 전반부는 인도에서 이미 근본불교가 사라지고, 힌두교가 인도의 민족종교로서 강력하게 성장한 뒤였다. 이때 이미 순수한 불교에 대해서는 알 수가 없었고, 힌두교와 제 종교를 혼합한 '밀교'라는 형태의 불교였다. 현장이 유학한 나란다 사원 자체도 굽타 왕조가 힌두교의 중흥을 위해 5세기에 세운 '종교대학'이었다. 7세기에 나란다를 유학한 현장이 중국으로 돌아와 불경번역을 함으로써 본격적인 중국불교가 나왔다. 그러니 현장을 통해 크게 발전한 중국불교는 석가모니를 제대로 몰랐다고 해도 과언이 아닐 것이다.

북방불교의 4차 결집 : 서역 불교의 발흥

불교의 8대 성지는 석가모니의 탄생지인 '룸비니'를 제외하면 모두 인도 동북부 지방의 갠지스 강 유역권에 있다. 마우리아 왕조가 멸망한 뒤부터 약 3백 년 동안 불교는 극심한 탄압을 받았다. 그리고 힌두교가 다시 활개를 쳤다. 갠지스 강 유역에서 불교가 박해를 받고 사라졌다. 그 대신에 인도 서북쪽 카슈미르 지역과, 간다라, 그 일대를 다스리는 박트리아 왕국과 타클라마칸 사막 주변의 오아시스 도시들과 유목민들 사이에서 또 다른 성격의 불교들이 만들어지고, 발달하고 있었다.

　다민족, 다인종, 다문화 종합국가인 박트리아(월지국)의 제후국 가운데 하나인 '토카라' 족에서 쿠샨 가문이 세력을 얻어 박트리아 왕국을 접수하고, 인도 서북부를 점령해 내려왔다. 불교의 발상지인 갠지스 강 일대를 장악한 '안드라 왕조'와 국경을 맞댔다. 안드라 왕조가 힌두교를 옹호하고 불교를 탄압한데 반해, 쿠샨 왕조는 적국이 탄압한 불교를 적극적으로 옹호했다. 그런데 쿠샨 왕조는 석가모니의 가르침을 순수하게 따르는 불교에 대해서는 관심이 없었다. 서역의 여러 지방과 토후국에서, 여러 종교와 혼합된 대중종교로서의 불교를 하나의 우산 아래에 모으는 것에만 관심이 있었다. 이 때문에 불상숭배와 유물숭배가 대두되고 타 종교의 특성들을 흡수하는 성향이 강해졌던 것으로 보인다. 불교는 더욱 이질적인 것으로 발전되고 근본불교의 명맥은 결국 끊어졌다. 서역의 곳곳에서 새롭고 다양한 불교들이 나타났다.

　쿠샨 왕조의 세 번째 왕 카니슈카는 A.D. 1세기 말에서 2세기 전반 사이에, 카슈미르 지방에서 불경을 결집하도록 후원했다.

이것을 북방불교에서는 '4차 결집'이라고 부른다. 그러나 이것은 사실상 서역에서 생겨난 여러 불교 즉, 북방불교가 공식 무대에 데뷔하는 첫 번째 결집이었다. 이 무렵부터 중국에 본격적으로 불교가 전래되기 시작한다. 중국에서 한자로 번역된 불경은 거의 전부 서역에서 건너갔던 것이다. 서역에서 만들어진 것들도 많았다.

석가모니는 B.C. 6세기 전반부에 '마가다' 방언으로 가르쳤다. B.C. 3세기 3차 결집을 할 때에는 '빠알리' 방언으로 편찬했다. 그리고 모조리 외웠다. 이렇게 암기로 전승되던 불경을 이로부터 4백 년 뒤인 A.D. 1세기 말~2세기 전반에, 그리스 문명과 뒤섞인 '간다라' 지방에서, 힌두교의 언어인 '산스크리트어'로 번역하게 된 것이다. '불교'는 자기 본래의 언어를 일찌감치 잊었다. 아주 오랫동안 잊었다. 엄밀하게 말하자면, 카니슈카 왕이 산스크리트어로 불경을 결집하라고 명령했기 때문이 아니라, 서역불교는 이미 석가모니의 근본불교와 달라져 있었고, 대세는 힌두교의 산스크리트어로 기울어져 있었던 것이라고 판단해야 맞다. 불교는 이미 완전히 달라졌고, 더욱 달라질 준비가 되어 있었다.

A.D. 1세기 말에서 2세기 초에 있었던 4차 결집은, 아소카 왕 때 빠알리어로 '결집'한 불교문헌을 그대로 계승해서, 산스크리트어로 불경을 번역만 한 것으로 보이지는 않는다. 앞뒤 정황이 그렇다. '원본'(原本)을 옮겨 쓴 '사본'(寫本)을 가져다놓고 번역해

서 '번역본'을 만든 뒤에 원본과 사본이 없어지고 '번역본'만 남은 셈이다. 그러니 '번역본'이 원본과 얼마나 일치하는지 알기가 어렵게 됐다. 심지어, 4차 결집한 불경이 석가모니의 가르침과 얼마나 일치하는지, 왜 일치하는지 확인하기 어렵다. 이때 이후로, 산스크리트 불경이 쏟아져 나왔다. 대승불교 특히, 중국과 한국의 승려들은 주로 서역에서 만들어진 산스크리트 불경에 근거해서 자국의 토착종교를 첨가해서 또 다른 '불교'를 만들었다. 당연히 중국과 한국은 '빠알리 방언'과 '빠알리 삼장'에 주목한 적이 없다.

남방불교의 4차 결집 : 초기 불경의 문자화

B.C. 3세기에 아소카 왕이 불경을 결집한 것을, 아소카 왕의 아들 마힌다(마힌드라)가 전법사가 되어 '스리랑카'로 건너가서 전수했다. 여기에서 미얀마, 태국, 캄보디아, 베트남 등지로 퍼져나가 '남방불교'가 나왔다. B.C. 1세기 무렵에 스리랑카 불교는 마힌다 장로의 맥을 잇는 정통파와, 권력과 결탁한 비정통파가 갈등을 일으켰다. 정통파는 2백 년을 지켜온 불교가 변질될지 모르겠다는 위기감을 느꼈다. 그래서 2백 년 간 암송되어 오던 '빠알리 삼장'을 10년에 걸쳐 싱할리 문자로 기록했다. 불교에서는 이것을 '불경을 문자에 가뒀다'라고 말한다. 열대지방의 나뭇잎

을 말린 '패엽'(패다라)에 기록한 이 '패엽경'은 석가모니가 죽은 지 대략 5백 년 만에 불경을 문서화한 최초의 것이다. 그래서 옛 불교와 현대 불교를 비교·연구할 수 있는 가장 오래되고, 가장 중요한 문헌이다.

남방불교의 5차 결집은 19세기에 미얀마 '만달레이'에서 개최되었다. B.C. 1세기 중엽에 나뭇잎에 기록한 "패엽경"을 1.5~2미터 크기의 대리석판 729개에 옮겨 새기고 729개의 탑을 세워 그 안에 보관하도록 했다. 경장 410매, 율장 11매, 논장 208매였다. 제국주의 외세의 침략으로부터 미얀마를 지켜달라고 불법에 호소한 취지로 이렇게 '석장경'(石藏經)을 만들었다. 하지만 곧 미얀마는 영국의 식민지가 되었다. 1950년대에 미얀마가 독립하자 6차 결집을 했다. '패엽경'과 '석장경'의 오류를 수정하고 400쪽짜리 책자로 약 40권 분량의 전집으로 인쇄했다.

남방불교의 4차, 5차, 6차 결집은 '원리적으로는' 불경을 추가하는 것이 아니었다. 3차 결집의 결과물인 '빠알리 삼장'의 원래 모습을 회복하고 보존하는 것이었다. 남방불교는 '상좌부불교'를 그대로 계승한다고 천명한다. '불경'에 변화가 없다. 반면에 북방 불교에서는 불경을 인도에서 찬술된 것, 서역에서 찬술된 것, 중국에서 찬술된 것으로 나눌 정도로 불경의 양이 거침없이 늘어났다. 실제 석가모니의 가르침이 정확히 어떤 것인지를 알 수 없을 정도가 되었다.

간단히 비교해보아도, 남방불교와 북방불교의 이질성은 매우 심각하다. 이 점을 간과해서는 안 된다. 진짜 불교는 무엇이냐는 문제와, 불교의 정통성이 무엇이냐는 문제가 제기되기 때문이다. 진짜라는 것도 허망한 것이며 가짜라는 것도 허망한 것이라는 교묘한 말에 적당히 얼버무릴 성질의 문제가 아니다. 당연하게도, '가짜'는 적당히 얼버무린다. 틀린 것을 맞다고 쳐주기를 원하는 것은 틀린 쪽이다. 진리는 결코 오류를 진리라고 말하지 않는다. 이것이 진리의 속성이다. '가짜'를 '진짜'라고 말하는 것은 심각한 오류이다. 단적으로, 한국의 사찰은 예불의식을 중시해서 하루에 세 차례씩 '예불'(禮佛)을 드린다. 하지만 남방불교는 이런 식의 예불의식이 없다. 남방불교는 목탁을 두드리지 않는다. 염주도 사용하지 않는다. 천도재(49재)도 없다. 부처에게는 '돈'이 아니라 꽃을 바친다. 남방불교에서 염불(念佛)은 말뜻 그대로 '부처를 생각하는 것'이지만 북방불교에서는 출세와 소원성취 등을 목적으로 '다라니'라는 '주문'(呪文)을 중얼거리며 외운다. '진각종'이라는 종파에서는 '불상'이 없다. 그런데 어떻게 '불교'라는 동일한 이름을 사용할 수 있을까? 뭐가 진짜인가?

2

삼신각과 천도재 그리고
부적의 종교

—

　우리가 경험적으로, 역사적으로 알고 있는 불교는 석가모니의
흔적을 찾기가 불가능할 정도로 이질적인 것이 너무 많이 섞여
있다. 석가모니의 정통성을 잇는 직계제자들과도 관계가 없다.
석가모니의 가르침을 따른다고 하지만, 실제로는 좋다고 생각되
는 것들을 마구잡이로 가져다 처덕처덕 바르다보니 뭐가 진짜인
지 모르게 되었다. 석가모니는 힌두교(당시. 브라만종교)를 혁파하
고자 했다. 하지만 몇 백 년 뒤에, 변질된 힌두교로 다시 돌아간
대승불교가 만들어졌다. 이 대승불교가 서역에서 더욱 변화된 것
이 중국에 전래되어 중국불교와 한국불교가 나왔다.

　인도에서 불교는 박해를 받아 쇠잔해졌다지만 실은, 힌두교
속으로 흡수되어 사라졌다. 하지만 서역으로 전래된 대승불교는
힌두교로부터 물려받은 원리를 따라, 온갖 좋은 것들과 각종 신

들을 흡수해서 부처 휘하의 천신들을 거느린 다신교처럼 되었다. 유일신 사상과 삼위일체 사상도 받아들여 적당히 꾸겨 넣었다. 결국, 어떤 식으로 말하든 동일한 결론을 피할 수 없게 되었다. 좋게 표현하자면, 불교는 고유의 '정체성'을 잃어버렸다. 물론, 〈반야경〉이나 〈금강경〉을 들먹이면서, 형상은 있는 것도 아니고 없는 것도 아니며 변함이 없는 것은 없고 고정된 것도 없으며, 잃기도 하고 얻기도 하는 것이다. 따라서 '정체성이란 것은 본래 있는 것도 아니고 없는 것도 아닌데 왜 없다고 문제를 삼느냐?'라며, 이런 문제는 부질없다는 식의 말장난으로, 진리를 모독하고 어리숙한 사람들을 속이지만 그런다고 가짜가 진짜가 되는 것은 아니다.

한국의 사찰에 가면, 산신각이나 삼성각을 쉽게 볼 수 있다. 산신령과 부처가 무슨 상관관계가 있는가? 미신(迷信)을 토착신앙의 이름으로 끌어안는 것은 종교(宗敎)라는 허울을 쓴 미신(迷信)일 뿐이다. 각별한 해명을 필요로 한다.

1. 삼성각(三聖閣)

조계사 홈페이지의 자상한 설명에 따르면, 사찰마다 한국 전래의 토속신앙을 그대로 받아들여 전각(殿閣)까지 세웠다. 이 설명을 그대로 받아들이면, 불교는 정말 아량이 넓다. 불교가 아닌 토속신앙을 가진 사람들을 위해 전각까지 세워주니 말이다. 하지만 착각하지 말아야 할 것은, 아량(雅量)은 종교의 본질이 아니다. 불교가 석가모니의 가르침을 따르는 것이라면, 석가모니의 가르침이 아닌 것은 버려야 한다. 미신을 당연히 버려야 한다. 미신을 합리화하거나, 석가모니의 가르침이 아닌 것을 석가모니의 가르침이라고 하면서 받아들이는 것은 부처를 버리는 짓이다.

산신령과 호랑이를 모신 전각이 산신각(山神閣) 혹은 산령각(山靈閣)이다. 칠성각(七星閣)은 북두칠성을 신격화한 것이다. 조선시대에 불교가, 신격화된 북두칠성을 받아들인 뒤에 삼존불로 만들어 세웠다고 불교에서 설명한다. 칠성각의 삼존불은 '치성광여래'가 주불(主佛)이고 '일광보살'과 '월광보살'이다. 독성각(獨聖閣)은 석가모니처럼 스승 없이 홀로 깨우친 자를 가리킨다고도 하고 '나반존자'라고 설명하는 경우도 있다. 정말이지. 부처에 대한 지독한 모독이다.

산신각, 칠성각, 독성각을 따로 세우지 않고 '삼성각' 하나를 세우는 경우도 있다. 그리고 설명하기를 '도교'의 영향을 받은 토속신앙이며 불교에서 토속신앙을 수용했다는 식으로 설명한다. 과연, 불교의 설명이 진실인가? 삼성각에 대한 가장 설득력 있고 깊이 있는 설명은 '단군신앙' 쪽의 설명이다. 신라가 삼국을 통일하고, 통일신라와 고려 시대를 거쳐, 1392년에 이성계에 의해 조선이 개국할 때까지 집권세력은 '불교'를 통치 이념으로 삼았다는 점을 상기해야 한다.『삼국사기』를 쓴 '김부식'이 불교를 통치 철학으로 삼은 신라의 집권층에 속했고, 이에 대항하는『삼국유사』의 저자는 불교 승려였다는 점을 염두에 둬야 한다. 게다가 최근 역사학계 일각에서는 신라의 김씨 왕통은 흉노계라는 주장까지 나오고 있다. 따라서 신라 집권세력의 입장은, 민중의 입장과 달랐을 가능성이 매우 크다. 신라 왕실과 통치계급의 입장에서는 삼국시대 이전의 역사와 민족신앙 즉, 단군신앙에 대해 깊게 추구하고 정론으로, 자세하게 밝힐 처지가 아니었다. 민중은 집권세력이 통치목적상 받아들인 외래 종교를 쉽사리 받아들인 역사가 없다. 당연히, 불교는 그 이전에 수천 년 동안 단군신앙이 깊이 뿌리를 내린 한민족 사이에 비집고 들어와 자리 잡기가 무척 힘들었을 것이다. 불교가 한민족 사이에 널리 받아들이기 위해, 단군신앙을 적극적으로 받아들이고 인정한다는 모습을 보일 필요성이 매우 컸을 것이다. 이 때문에 단군신앙이라는 토착신앙을 적극적으로 수용해서 불교화했던 것이라고 해석해야 맞다.

불교에서는 산신각이 '산신령'을 기리는 곳이라고 설명한다. 우리나라는 산이 많아서 예부터 산신제가 많았다고 그럴듯하게 말한다. 한민족은 종교심이 많고 한(恨)이 많은 민족이어서 온갖 귀신을 많이 섬긴다는 식이다. 하지만 민족사를 연구하는 이들은 그렇지 않다고 말한다. 한민족은 거의 일관되게 단군신앙을 유지했다고 말한다. 그래서 오늘날 단군신앙을 주장하는 이들은 달리 설명한다. 산이 많아 '천제'(天際)를 드린 곳이 많았다. 언제부터인지, 천제를 산신제라고 고쳐 말하고 있을 뿐이다.

단군신앙에서는 산신령은 본래 '땅'(地)을 관장하는 '단군'이 변용된 것이라고 한다. 즉, 산신각은 '단군사당'이었던 것이다. 북두칠성은 하늘(天)을 관장하던 '환인'을 상징하였다. 그러니까 칠성각은 '환인사당'이었던 것이다. 옛 할머니들이 새벽녘에 장독대에 정안수를 떠놓고 하늘에 빌곤했는데 이것은 정안수는 북두칠성이 물을 담은 그릇에 비치도록 하는 것이고 비는 대상은 북두칠성이었다. 북두칠성은 현실의 삶과 길흉화복을 주관한다고 믿었다. 북두칠성을, 환국을 다스렸다는 7명의 '환인'과 결부 짓기도 한다. 사람(人)을 관장하던 '환웅'을 섬기는 사당이 '환웅전'이다. 이것을 불교가 접수하면서 '대웅전'으로 고쳤다고 한다.

천신(天神) 환인, 지신(地神) 단군, 인신(人神) 환웅, 셋을 모신 사당이 '삼성각'이다. 만일 이 설명이 맞는다면 불교는 토속신앙을 불교화하여 수용한 것이 아니다. 처음 불교가 들어왔을 때 그 이질감 때문에 민중들로부터 극심한 저항을 받자 민중의 뿌리 깊은 단군신앙과 칠성신앙을 채택한 것이라는 설명이 가능하다. 집권층이 은근히, 정책적으로 단군신앙을 억압하고 훼손할 때 그나마 마음 편히 단군신앙을 만날 수 있는 곳을 제공하면서 불교에 대한 접근성을 높이겠다는 전략에 다름 아니다. 결과적으로, 불교는 단군신앙을 수용하여 불교화했다고 설명하지만 저쪽에서 볼 때는 철저히 훼손하고 변질시킨 것이다. 이것은 수용이나 거부보다 훨씬 나쁜 것이다.

2. 천도재(薦度齋)

'천도재'란 사람이 죽은 뒤, 그 혼령을 극락으로 보내는 의식이라고 한다. 49일째에 드리는 의식을 가리키기도 하고, 7일마다 7번 드린다고도 해서 '칠칠재'(七七齋)라고도 하고, 49일 동안 매일 드린다고 해서 '사십구재'(四十九齋) 혹은 '사십구일재'(四十九日齋)라고도 한다. 불교계 인사에게 물어보면 '불교의식'이 맞고 그래서 '공양'을 뜻하는 '재'(齋)자를 쓴다고 말한다. 유교 쪽에게 물어보면 대략 A.D. 6세기 무렵, 중국에서 불교가 유교의 '제사'의식을 흡수해서 만든 것이라고 말한다.

불교는 천도재(49재)를 지내게 된 계기는 무엇이냐는 질문에 대해 대개, 두 가지 근거를 제시한다. 첫째는, 천도재의 유래는 석가모니의 16대 제자의 하나인 목련존자가 어머니가 지옥에서 고통을 당하는 것을 보고 괴로워하자 석가모니가 7월 보름날에 공양을 드리면 어머니가 극락으로 옮겨간다고 가르쳤다는 설화

(說話)이다. 둘째는, 사람이 죽으면 생전에 지은 업보에 따라 육도윤회의 어느 한 길로 가야 하는데, 그 갈 길이 정해질 때까지의 막간이 49일이기에 불법의 힘으로 좋은 길로 가도록 재를 드리는 것이라고 설명한다.

첫 번째 설명은 가당치 않다. 만일 석가모니의 가르침에서 천도재가 기원했다면 '남방불교'가 천도재를 드리지 않는 것은 희한한 일이다. 남방불교에서는 사람은 죽는 즉시, 환생한다고 믿는다. 티벳의 라마교에서는 '달라이라마'는 계속해서 '달라이라마'로 환생하는데 '달라이라마'가 죽는 그 순간에 태어난 아이가 '달라이라마'의 환생이라고 믿는다. 따라서 '천도재'란 북방불교의 전통이라고 쉽게 답하기도 하는데, 어쨌든 북방불교가 타종교의 관습으로부터 끌어들인 관습이라고 인정한 셈이다.

두 번째 설명에서 업보에 따라 다음 생이 결정되는 기간이 49일이라는데, 이 49일이라는 수치가 어디에서 나왔는지 아리송하다. 정말이지. 백팔번뇌 즉, 번뇌가 108가지라는데 왜 하필 108이 되어야 하는지 아무리 설명을 보고 듣고 해도 납득이 안 간다. 번뇌가 6관(耳, 目, 口, 鼻, 心, 體)과 3인식(좋은 것, 싫은 것, 좋지도 싫지도 않은 것)에 의해서 생겨서 번뇌가 18가지라는 것까지는 이해가 된다. 그런데 '탐'(貪)과 '불탐'(不貪) 두 가지로 인해 36가지로 배가 하는 것은 좀 이상하다. 탐심을 끊은 것이 왜 번뇌의 원인이 되는가? 그렇다면 해탈하면 해탈한 것도 번뇌의 원인이 된다는 셈이다.

진짜 이상한 것은 36가지 번뇌를 3번 곱하면 108이 되는데, 3번 곱하는 이유가 36가지 번뇌는, 과거와 현재와 미래에 각각 36가지 번뇌를 겪기 때문에 108이 된다고 한다. 말이 안 되는 것은 설혹, 윤회가 맞다고 치더라도 사람은 한 번에 하나의 생을 산다. 과거의 번뇌는 과거의 삶 속에서 겪었다. 번뇌도 업보처럼 윤회하는가? 과거의 생애에서 손가락 종기로 인한 '고통'은 그 종기가 다 나았더라도 그 고통을 다 겪지 않았기 때문에 다음 생으로 넘어가서 금생에서 종기가 나지 않았는데도 고통을 겪는가? 미래의 삶은 아직 오지 않았다. 미래의 번뇌는 지금의 내가 아니라 미래의 내가 겪을 것인데 왜, 어떻게 해서 미래의 번뇌를 지금 겪는가? 미래의 번뇌를 미리 땡겨와서 지금 겪으면 정작 미래의 삶을 살 때는 번뇌가 없는가? 108이라는 숫자에 어거지로 의미를 끼워맞춘다는 느낌이다. 천도재의 경우도 '49일' '칠칠일'이라는 숫자에 꿰어 맞춘 느낌이다.

석가모니가 명확하게 정리하지 못한 문제가 영혼과 육신의 문제라는 것을 기억해야 한다. 석가모니가 제자에게 묻지 말고 따지지 말라고 말한 14문제에 속해 있다. 우리는 '영혼'과 '육신'으로 나눠서 생각하는데, 영혼과 육신이 결합되어 생명력을 가지고 삶을 영위하는 상태를 '사람'이라고 칭한다. 석가모니가 죽었을 때 화장한 것처럼 육신이 없어지면 '사람'이라는 존재는 어떻게 되는가? 사람인가? 사람이 아닌가? 석가모니는 화장을 치르면서 그 존재가 없어졌는가? 불교입장에서는, 당연히 아니라고 해야 한다. 그렇다면, 육신이 없이 존재하는 석가모니는 사람인가? 즉, 영혼이 사람인가? 이 지점에서 석가모니는, '묻지 말라'라고 답했다. 석가모니는 영혼이 사람인지, 영혼과 육신이 합한 것이 사람인지 묻지 말라고 한 것이다. 이 질문은 실은, 윤회를 말하는 불교에게 참으로 어려운 질문이다. 어느 쪽으로든 조금이라도 잘못 답하면, 혹은 깊게 들어가면, 불교는 자기부정에 빠지기 때문이다. 어쨌든 석가모니가 논의를 거부한 채, 해탈과 윤회, 팔정도 등에 관해 말하는 것을 종합해 보면, '영혼'이라는 개념을 부정하는 쪽이다. 육신이 있든 없든, '자아'가 존재하기 때문에 '완전한 사람'이라고 대략적으로 이해하자는 쪽이다. 결론적으로, 불교가 영혼, 넋, 혼령의 문제를 진지하게 입에 올리는 것은 본령을 벗어나는 일이다.

반면에, 유교처럼 혼백을 믿는 종교는 문제가 다르다. 아주 쉽다. 육신이 없으면 사람이 아니라 혼령이며 영혼이다. 원혼이 되거나 저승으로 출발하지 않은 상태에서는 해악을 미치는 '귀신'과 같은 상태가 된다. 유교가 조상신을 섬기는 것은 혼백, 혼령의 존재를 믿기 때문이다. 혼령은 떠나야할 때는 훌훌 털어버리고 빨리 떠나고 올 때는 즐겁게 왔다가 즐겁게 떠나야 한다. 그래서 혼령을 위로하기 위해, 왕처럼 대우한다. 왕이 타는 '여'를 태워주고, 두 번 절해주고, 무덤을 왕의 처소 혹은 잠자리처럼 비슷하게 만들어준다. 제사의 격식은 왕처럼 예우해 드릴테니 해를 끼치지 말라는 뜻이기도 하다.

정리하자면, 불교의 천도재는 석가모니의 가르침과, 불교 고유의 내세관과도 부합하지 않는다. 불교가 중국에 들어와 유교를 만나면서 천도재를 만들어내거나 수용했다고 보아야 한다. 두 가지 이유가 있다고 보인다. 첫째, 불교가 유교적 질서를 수용함으로써 유교적 사회에 정착하겠다는 의도 때문이다. 둘째, 천도재를 드림으로써 얻는 막대한 수익 때문이다. 목련존자의 불교설화에도 '천도재'를 공양이라고 하면서 '승려'들을 잘 대우하라는 투로 암시한다.

3. 부적(符籍)

액막이를 한다고 붉은 글씨로 부적을 만드는 가장 큰 집단이 불교이다. 부적이 붉은 색이어야 하는 것은 귀신이 붉은 색을 싫어하기 때문이다. 이런 가르침은 어느 불경에 있을까? 동짓날에 팥죽을 먹는 이유를 설명할 때도 팥죽의 붉은 색과 귀신을 결부

짓는다. 정통 불교는 귀신을 인정할까? 석가모니는 마귀를 실체가 아니라 사람이 갖는 인지작용, 관념이라는 식으로 설명했다. 어쨌든 불교에서는 윤회에 의해 '마귀'로 환생한다는 설명은 가능해도 구천을 떠도는 귀신이라는 관념은 불가능하다. 만일 '귀신' 비슷한 존재로 환생했다면 육도윤회의 한 길인 지옥에서 고통을 겪고 있다고 말해야 조금이라도 설득력이 있을 것이다. 지옥에 던져지지 않은 채, 구천을 떠돌며 인간을 괴롭힌다는 발상, 게다가 부적으로 귀신을 막아야 한다는 발상이 불교에서는 가당치 않은 것이다.

'액땜' '액막이'라는 발상 자체도 불교적이지 않다. 전생에서 지은 업보를 받는 것이기 때문이다. 만일 전생에서 지은 업보를 현생에서 다 받지 못하고 죽더라도 그 남은 업보는 없어지지 않는다. 업보를 다 받을 때까지 끝까지 그 사람을 좇아가는 것이 불교의 '인연생기'라는 교리에 맞는 생각일 것이다. 어차피 본인이 받아야할 것을 막는 유일한 방법은 해탈과 열반 밖에 없다. 이것이 좀 더 불교적이다.

'부적'이라는 것은 본래 '주역'에 뿌리를 두고 있다. A.D. 4세기 무렵에 '갈홍'이라는 사람이 주역에 입각하여, 그리고 노자와 장자의 사상을 품고, '신선도'(神仙道)의 이론과 방법을 집성한 『포박자』(抱朴子)라는 책을 저술했다. 이 책은 신선이 되는 수련

방법, 신선술, 신선과 관련된 약물제조, 수명 연장, 퇴마, 액막이 등에 관한 내용을 집성한 저술이다. 이 책과 내용이 '도교'를 통해 전수되면서 '부적'의 사용이 보편화되었다.

부적은 신선의 신통력이 깃들여 있어서 어떤 능력을 발휘한다고 여겨지는 물체, 부적, 언어, 돌, 나무, 종 등의 신물(神物)을 포괄적으로 가리켰다. 이러한 관념이 대중화 되면서『옥추보경』,『백방비결』과 같은 부적 책이 만들어지기도 했다.

부적이 발달하게된 것은 질병을 포함한 모든 나쁜 일이 '귀신'에 의한 것이라는 믿음 때문이다. 나쁜 기운의 작용 때문이라는 관념도 비슷하게 받아들일 수 있는 것이다. 그런데 이런 류의 사상은 불교의 사상과 도무지 맞지 않는다. 모든 나쁜 일은 인연생기, 인과응보 때문이라는 것이 불교사상이며, 귀신의 작용처럼 느껴지는 것은 그렇게 착각한 탓이라고 해야 불교적이다. 부적을 만들려면 주역(周易), 음양오행설, 도교(道敎)와 도술, 그리고 포박자(抱朴子)를 연구해야 한다. 이것은 석가모니의 가르침과는 상관이 없고, 부처의 제자들이 나서서 해야 할 일이 아니다.

3

고타마 싯다르타,
'깨달은 사람'이 되다

─

1. 고타마 싯다르타

'석가모니'(釋迦牟尼, Sakyamuni)라는 명칭은 '석가'(Sakya) 족 출신의 '깨달은 사람'(muni)이라는 뜻이다. '붓다'(Buddha)와 같은 뜻이다. 한자로 '佛陀'로 옮겨 '불타' 혹은 '부처'로 읽기도 하고 '불'(佛)이라고도 한다. 고유명사로 사용하면, 히말라야 산맥 남쪽의 평지지대에 위치한 석가(釋迦, Sakya) 족에 속하는 카필라(가비라) 성(城) 출신인 '고타마 싯다르타'(Gotama Siddhartha, B.C. 624~544)를 가리키고, 깨달음을 얻었더라도 여전히 '사람'으로 살다가 죽음을 맞이했다는 사실이 중요하다.

고타마 싯다르타는 오늘날 네팔 남부에 속하는 지역에서 태어나 성장하고 결혼했다. 오늘날 네팔은 티벳과 인도 사이에, 히말라야 산맥을 따라 약 500마일에 걸친 작은 왕정국가이지만 약

40개가량의 민족으로 구성되고 70개의 언어가 통용된다. 이 지역에 인도-아리안족이 들어와 정착한 것은 B.C. 7세기 무렵이라고 한다. 당시에는 인도, 네팔이라는 개념이 없었다. '인도'라는 개념이 생긴 것은 A.D. 5세기 이후부터 였다.

고타마 싯다르타가 태어날 당시 석가 족은 강성한 부족들 틈에 끼인 약체 부족이었다. 석가족에 속하는 카필라 성의 성주 '슈도다나'와 이웃 나라 집정관의 딸인 '마하마야' 사이에서 태어났다. 그래서 고타마 싯다르타는 인도-아리안 계통이라고 추정하기도 한다. 인도-아리안족은 B.C. 1500년 경, 인도의 서쪽 혹은 서북쪽을 통해 침략해 들어와 인더스 강과 갠지스 강 그리고 그 사이에 펼쳐진 힌두스탄 평원을 포함하는 인도 북부를 장악하고, 선주민들을 노예로 부리며 가혹하게 착취했다. 정복자들은 이렇게 착취한 부(富)와 권력을 영원토록 누리기 위해 '카스트' 계급제도를 만들었다.

정복자들은 피정복자들을 노예로 만들고 무조건적인 복종만 할 뿐 도무지 반항하지도 도전하지도 못하고, 무기력하게 순종할 수밖에 없도록 만들었다. 브라만 계급에서 배출하는 사제 '바라문'들과 학자들은 종교와 학문을 빙자한 교묘한 말과 학설로 착취와 억압을 정당화 했다. 피지배층의 무지와 어리석음을 이용했다. 고통스럽게 착취당하는 현실을 '업보(業報)' 즉, 인과응보(因果應報) 때문으로 여겨 스스로 체념하고 순응하도록 만들었다. 지금 살고 있는 고통스러운 인생은 전생(前生)에서 잘못한 탓인데 그래도 다행스럽게 사람으로 태어났으니 지금 생에서 '악업'(惡業)을 쌓지 말라. 그래야 다음 생에서 다시 사람으로 혹은, 상위계급에 속하는 사람으로 환생할 수 있다. 최종적으로 브라만 계급으로 태어나면 출가·수행하여 '해탈'할 수 있다. 좋은 인생으로 환생하기를 꿈꾸며 묵묵히 참고 견디는 것, 이것이 좀 더 나은 삶을 살 수 있고, 고통에서 벗어날 수 있는 유일한 탈출구라고 가르쳤다.

당시 인도사상에 따르면, 한번 '환생'하는 데에는 '영겁'(永劫)의 세월이 걸린다. 불가촉천민인 '파리아'에서 출가수행이 가능한 '브라만'계급으로 태어나려면 4차례나 연속적으로, 성공적인 환생을 해야 하는데, 1겁(kalpa)의 시간은 브라만교(힌두교)의 주요 신(神)인 '브라흐마'(범천, 梵天)의 '하루'를 가리키는 데 인간세상의 43억 2천만 년에 해당한다. 4번을 환생해야 하니, 파리아가 브라만이 되려면 환생하는 데에만 172억 8천만 년이 걸린다. 아주 잘해야 이렇다. 현실적으로, 체념하고 무기력하게 순응하는 것 이외엔 다른 길이 없다. 이런 지배와 억압은 석가모니 당시 인도에서 이미, 천 년 가까이 지속되었던 것이다.

2. 출가

고타마 싯다르타는 16세에 골리 부족(部族)의 딸 야쇼다라 (耶輪陀羅, Ya?odhara)와 결혼했다. 곧 아들 '라훌라'(羅羅)가 태어 났다. 하지만 새가 벌레를 잡아먹는 모습, 성문 밖의 사람들이 비참하게 살아가는 모습, 생로병사, 착취와 가해를 목격하고, 삶은 윤회의 고통으로 이루어져 있다는 생각에 깊은 슬픔에 잠겼다. 고뇌하다가 가족을 버리고 출가했다. 29세 때였다.

고타마 싯다르타는 집을 떠나 일단, 마가다 왕국의 수도 '라자 그라하'(王舍城)로 갔다. 그리고 유명한 두 명의 수행자를 찾아가 수행법을 배웠다. 이 둘에게서 배운 대로 하면 되겠다는 확신이 들어 산림으로 들어가 6년간 고행을 했다. 하지만 '깨달음'을 얻지 못했다. 마지막으로 굳은 결심을 하고, 부다가야의 보리수 아래에서 결가부좌를 하고 수행에 정진했다. 결국, 불교에서 정등각(正等覺)이라고도 하는 '지고무상(至高無上)의 깨달음, '아녹다라삼먁삼보리'를 얻었다. 이로써 고타마 싯다르타는 '부처'(佛)가 되었다. 이후부터 80세에 죽을 때까지 45년간, 갠지스 강 일대를 돌아다니면서 '깨닫는 법'을 가르쳤다.

3. 입멸과 사리

고타마 싯다르타는 왕도(王道)를 버렸다. 통치(統治)를 통해 치

국안민(治國安民)과 위민정치(爲民政治)를 이루는 길이 아니라 '구도'(求道)를 통한 해방의 길을 찾고자 했다. 깨달음을 얻은 뒤에, 45년에 걸쳐, 인도의 열대기후를 무릅쓰고 금식과 걸식을 반복하면서, 여행하면서 가르쳤다. 석가모니는 피골이 상접할 정도로 쇠약해졌다. 이 모습을 '고행상'이라는 '초기' 불상에서 확인할 수 있다. 오늘날 석굴암이나 불당에서 보는 포동포동한 불상은 석가모니가 죽은 지 천 년쯤 되었을 때, 인도가 아닌 지역에서, '그리스'의 신상(神像)들을 흉내 내서 만든 것들이다. 즉, 불상 그 자체 그리고 중국과 한국의 불상들은 석가모니의 가르침과는 상관이 없다.

몹시 쇠약해진 80세의 늙은 석가모니는 '파바'라는 동네를 지나가게 되었다. 이곳에서 '춘다'라는 이름의 대장장이가 '수끄라하 맛따빠'라는 요리를 대접했다. 이 음식을 먹은 직후부터 석가모니는 피가 섞인 설사를 하기 시작했다. 기력이 고갈된 80세 노인에게 탈수증까지 겹쳐 죽음을 피할 수 없게 되었다. 춘다가 바친 요리에 대해 남방불교 쪽에서는 '돼지죽'이라고 해석하는 경우가 있고, 북방불교에서는 '버섯죽'이라고 주장하기도 한다. 그리고 '춘다'가 고의였느냐 실수였느냐, 석가모니가 지나치게 쇠약한 탓이냐는 논란의 여지가 있다. 석가모니는 지친 몸을 겨우겨우 추스르면서 '쿠시나가라'에 도착했다. 마지막으로, 제자들을 모아 설법하고, 백 살이 넘은 '수바드라'(스밧다)라는 수행자를 마지막 불제자로 받아들였다. 그리고 죽었다.

석가모니는 죽었다. 후대의 설명에 따르면, 죽기 45년 전에 지고무상의 깨달음을 얻어 해탈하고 '열반'(涅槃, nirvana)에 들어갔다. 그리고 이제 완전한 열반인 '반열반' 즉, 입멸(入滅)에 들어간 것이다. '열반'은 '(바람이)불기를 멈춘 상태' 혹은 '(촛불이)꺼진 상태'를 가리킨다. 그래서 원뜻을 따라 '멸'(滅), '적멸'(寂滅) 등의 한자로 옮기기도 한다. 가장 단순하게는 '호흡이 멈췄다' 즉, '숨이 끊어졌다'는 의미이고, 번뇌를 끊고 진리를 깨달은 상태에 들어갔다는 의미로도 사용된다. 불교의 부파에 따라 열반에 대한 정의와 설명에 차이가 있다.

석가모니는 고대 인도종교가 가르치던 '열반'이라는 개념을 그대로 받아들였다. 대승불교에 와서는, '열반'을 '적멸'(寂滅)이라는 수동적인 의미 이외에도 '지복'(至福), '불멸,' '평화' 등과 같은 적극적인 의미를 부여했다. 그럼에도, 불교는 '열반'을 앙망할 뿐 열반의 실체에 대해서는 결코 설명할 수 없다. 열반에 대한 대승불교의 설명은, 최소한 수백 년 혹은 천 년 뒤에 덧붙인 것이며 '맹목적인 믿음'을 요구하는 것일 뿐이다.

석가모니가 죽자 유훈에 따라 화장(火葬)했다. 석가모니가 출가·수행한 목적은 해탈하여 완전한 열반에 드는 것이었다. 즉,

숨이 멈춘 것처럼, 바람이 불기를 그친 것처럼, 꺼져버리는 것이며 흔적도 없이 사라지는 것이었다. 그래서 시신을 매장하지 말고 태워 없애라고 했다. 그런데 오늘날 부처의 '사리'를 숭배한다. 정말 부처의 사리가 맞다면 제자들은 부처의 시신을 불태운 뒤에 무엇인가를 찾겠다고 잿더미를 뒤적거렸다는 의미에 다름 아니다. 그런데 석가모니와 유명한 불제자들의 유물을 숭배하는 관습이 생긴 것은, 석가모니가 죽은 연도를 B.C. 544년으로 본다면 대략 5백 년쯤 뒤가 된다. 석가모니가 손수 선발하고 가르친 직계제자들이 석가모니의 유훈을 외면한 채, 스승과의 미련을 끊지 못하고, 5백 년 뒤에 유물숭배라는 미신적 행습을 위해 잿더미를 뒤적거리며 사리를 수습했다는 뜻인가?

④

석가모니의 가르침 :
체념과 순응의 절대화

—

석가모니의 '가르침'이 정확하게 무엇인지 오늘날, 확인하기
는 어렵다. 불경 중에서 석가모니의 가르침을 '친설'(親說), 석가
모니의 말을 '원음'(原音)이라고 하는데 최근에야 찾아보겠다는
학자들이 나왔다. 하지만 가장 오래된 불경도 석가모니가 죽은
지 4백 년 뒤에 기록된 '패엽경'이다. 불교 측의 주장은 B.C. 3세
기에 결집된 '빠알리 삼장'을 구전(口傳)하다가 '싱할리' 문자로
기록했다고 하지만 B.C. 1세기~A.D. 1세기 사이에 기록된 '경
전'이 포함된 것을 보면, 불경이 계속 추가된 것으로 보인다.

석가모니의 가르침에 관해, 후대의 불제자들이 정리한 것 중
에서 적어도 다음 몇 가지는 공통적이다.

1. 연기설 : 결코 업보를 피할 수 없다

석가모니는 자신의 내면을 깊숙이, 똑바로 살펴보았다. 드디어 자기 속에 있는 우주의 진리('아트만')를 보았다. 그 우주의 법칙을 깨달았다. 이 깨달음을 사람들이 알아들을 수 있도록 인연생기(因緣生起), 즉 모든 것은 '인'(직접적인 원인)과 '연'(간접적인 원인)에 의해서 생겨난다는 식으로 가르쳤다. 특히 석가모니는 12가지 '연기'(緣起)로 설명해주었다고 한다. 한 마디로, 원인 없이 존재하는 것은 없다는 것이며, 뿌린 대로 거둘 수밖에 없다는 것이다.

석가모니의 '인연생기' 혹은 '12연기'라는 가르침을 불교에서는 결코 '운명론'이 아니라고 가르치지만, 살면서 지은 과보는 결코 피할 수 없으며, 현생에서든 내생에서든 반드시 풀어야 한다고 가르치는 점에서 심지어, 해탈을 했더라도 갚아야할 업보가 아직 남아 있다면 육신에 계속해서 머물면서 고통을 감내해야 한다는 점에서 '운명론'과 별로 다르지 않다.

2. 삼법인(三法印) 혹은 사법인(私法人)

연기설에 바탕을 둘 때, 석가모니의 가르침을 간단히 '무상'(無常, 변하지 않는 것은 없다), 고(苦, 모든 것이 고통이다), 무아(無我, 사람의 본성은 고정되어 있지 않다)로 정리한다. 이것을 대승불교에서는 다음과 같이 구체적으로 설명해서 '삼법인' 혹은 '사법인'이라고 한다.

(1) 제행무상(諸行無常) : 존재하는 모든 것은 고정된 것이 하나도 없다. 예외 없이 생멸(生滅)의 변화를 겪는다. 그대로 머물러 있는 것은 없는데 붙잡으려고 해봐야 헛수고일 뿐이다.

(2) 제법무아(諸法無我) : 존재를 지배하는 법칙 혹은 본성은 '인연'의 지배를 받으면서 계속해서 변화한다. 따라서 사물의 본성이란 고정된 것이 아니다.

(3) 일체개고(一切皆苦) : 모든 것이 고통이며 슬픔이다. 사랑, 즐거움, 행복도 영원불변하게 고정된 실체가 아니기 때문에 결국 고통이다.

(4) 열반적정(涅槃寂靜) : 생멸과 윤회의 법칙을 깨달아 해탈하여 열반에 들어가면 모든 괴로움이 사라진 상태가 실현된다.

대승불교에서 사법인은 사실상, 불교를 정의하는 기준이 된다. 다시 말하자면, 사법인을 가르치면 불교이고, 사법인을 가르치지 않으면 불교가 아니라는 것이다. 따라서 사법인의 순서가 상관이 없다. 이렇게 함으로써 대승불교가 석가모니와 많이 달라지고 서로 달라지더라도 '불교'라는 이름을 붙일 수 있게 되었다. 여기에서 '법인'(dharmamudra)은 초기 불경에는 나오지 않고 산스크리트어에서 온 말이다. 남방불교에서는 빠알리어에서 온 '삼특상'(tilakkhana) 즉, '세 가지 특징'이라는 용어를 사용한다. 삼특상

은 '무상→고→무아'라는 순서대로 수행해야 '열반'에 도달한다
는 지침이라는 뜻이다. 불교를 정의하기 위한 것이 아니었다. 여
기에서도 묘한 차이가 있다.

3. 사성제 : 모든 것이 고통이니 집착하지 말고
수행하여 해탈하라.

'사성제'(四聖諦)는 고(苦)·집(集)·멸(滅)·도(道)라는 네 개의
거룩한 깨달음(진리)이라는 뜻이다. 석가모니가 가르친 '12연기'
를 수행과 해탈이라는 실천적인 측면에서 다시 정리한 것이다.

⑴ 고제(苦諦) : 부처가 되지 못한 사람의 삶은 고통이라는 통
찰이다. 즉, 생로병사와 애증과 소원과 자아에 대한 집착을 벗어
나지 못하고, 집착으로 인해 고통을 겪는다는 통찰이다. '부처'
는 '깨달은 사람'이라는 뜻이지만 후기의, 대승불교에서는 '신격
화'(神格化)한다. 그러니 모든 사람은 '신'(神)이 되어야 하고, 신
이 되지 못하면 번뇌와 고통을 겪는다는 뜻이 된다.

⑵ 집제(集諦) : 모든 고통은 업(業)과 번뇌(煩惱)에서 비롯된다
는 통찰이다. 즉, 현생에서 겪는 고통은 전생과 긴밀하게 연결되
어 있다는 통찰이다. 오늘의 고통은 네가 인식하지 못하더라도
과거에 네가 행한 잘못 탓이다. 삶의 고통은, 네가 받아들여 청산
해야 할 숙제를 하는 것일 뿐이다.

(3) 멸제(滅諦) : 고통의 원인을 완전히 소멸하여 해탈하고 열반에 들어갈 수 있다는 통찰이다. 네 스스로 고통의 원인을 완전히 제거하라. 윤회에서 벗어나라.

(4) 도제(道諦) : 멸제를 이룰 수 있는 행함 혹은 수행이 가능하다는 통찰이다. 석가모니와 근본불교에서 도제는 팔정도를 가리킨다. 너 자신의 여덟 가지를 똑바로 닦으면 너는 너 자신을 구원할 수 있다.

4. 팔정도(八正道) : 여덟 가지를 똑바로 닦으면 된다

팔정도란 '깨달음에 도달하는 여덟 개의 바른 길'이라는 뜻인데, 결국 불교인이 된다는 것이 무엇인지를 말해주는 것이다. 불제자란, 이 여덟 기본덕목을 갈고 닦는 수행자라는 뜻이다.

(1) 정견(正見) : 바르게 보기

(2) 정사(正思) : 바르게 생각하기

(3) 정어(正語) : 바르게 말하기

(4) 정업(正業) : 바르게 행동하기

(5) 정명(正命) : 바르게 생활하기

(6) 정정진(正精進) 혹은 정근(正勤) : 바르게 정진하기

(7) 정념(正念) : 바르게 깨어 있기

(8) 정정(正定) : 바르게 집중하기

석가모니의 12연기설, 사성제, 팔정도는 결코 '종교'를 가르치는 것도 아니고 '종교'를 허용하지도 않는다. 자아성찰이며, 지식인의 올바른 태도와 공부법을 가르치는 것이다. 팔정도를 연단한다면 거짓과 허위, 미신과 속임수를 제대로 분간하고, 세태의 흐름에 부화뇌동하지 않고 경거망동하지 않게 된다. 그런데 실제문제는, 사람은 '자아성찰'화 '깨달음'은 사람의 존재를 궁극적으로 바꿔놓을 수 있느냐는 점이다. 석가모니는 이것이 가능하다고 가르친 것이다.

5. 석가모니의 수행법 : '숨쉬기'가 비결이다

석가모니는 고대 인도 사람이었고 고대 인도종교를 그대로 추종했다. 단지, 인도종교의 철학을 따르되 속임수를 거둬내고 '바르게' 하는 도리를 찾았다. 진리를 깨닫기 위한, 석가모니의 방법을 '수식관'이라고 부른다. 인도 종교철학에 따르면, 모든 생명의 근원은 '브라만'이다. 사람이 생명력을 갖는 것도 브라만 때문이다. 브라만은 사람의 '호흡' 혹은 '숨결'(prana)로 사람 안팎을 들락거린다. 그래서 고대 인도인들은 호흡을 조절하는 것은 생명의 근원인 '브라만'을 조절하는 것이라고 보았다. 결론적으로, 호흡을 조절하여 자신의 생명력을 높이고 육체를 불멸의 경지까지 끌어올리거나 해탈의 경지에 들어갈 수 있다고 생각했다. 석가모니는 이 사상을 그대로 받아들였다.

고타마 싯다르타는 '깨달음'을 얻기 위해 보리수나무 아래에서 결가부좌를 한 채, 다섯을 세면서 숨을 짧게 들이쉬고 다시 다섯을 세면서 숨을 길게 내쉬기를 반복했다. 이렇게 수를 세면서 정신을 집중해서 호흡하다보면 번뇌가 사라지고 높은 경지에 도달하여 수행자가 자신을 볼 수 있게 된다는 것이다. 고타마 싯다르타는 숨을 참는 부분이 없이, 계속해서 들이 쉬고 내쉬기 때문에 '수식관'(數息觀) 혹은 '아나파나사띠'라고 한다. 당시 인도에서는 오직, 브라만 계급만이 출가해서 승려(바라문)가 될 수 있고, 바라문만이 수행해서 해탈할 수 있다고 가르쳤다. 그러나 석가모니는 신분의 고하를 막론하고 누구든지 출가할 수 있고, 출가해서 이런 수행방법을 통해 해탈하라고 가르쳤다는 점에서 혁명적이었다.

석가모니는 오늘날 불교처럼, '화두'(話頭)를 던져놓고 참선수행을 하거나 선문답(禪問答)을 주고받는 수행법을 가르치지 않았다. 간화선(看話禪) 혹은 공안선(公案禪)이라는 이 수련방식은 A.D. 12세기쯤에 중국에서 만들어낸 방법이고, 이런 방법을 쓰는 불교를 선불교(仙佛敎) 혹은 선종(禪宗)이라고 한다. 한국의 조계종은 14세기에 '태고보우'가 '태고종'을 세우면서 중국 5대 선종의 하나인 '임제종'에서 도입한 선 수련방법을 계승했다. 석가모니와 관계가 없다.

5

석가모니의 유훈 :
오직 너 자신만 믿고 의지하라

——

석가모니가 '춘다'가 바친 죽을 먹고 배탈이 나서 '쿠시나가라'에서 죽었다. 죽기 직전에 유훈을 남겼다. 이 유훈을 담은 〈대열반경〉의 기록을 다음과 같이 간단히 정리할 수 있다.

⑴ 너 자신 이외의 어떤 누구도 의지하지 말라.

⑵ 내(석가모니)가 죽은 뒤에는 나를 의지할 수도 없다.

⑶ 너는 오직 자기 자신만을 등불로 삼아 의지하라.

⑷ 내(석가모니)가 가르친 법의 진리만을 등불로 삼아 의지하라.

석가모니는 자신이 가르쳤다고 해서 무조건 받아들이지 말고, 그 가르침이 진리라는 것을 알았을 때, 진리이기 때문에 받아들이라고 했다. 유명하거나 권위가 있거나 연장자가 '이것이 진리이니 이렇게 하라'라고 해서 무조건 받아들이지 말고 정말 그것이 진리인지 확인한 뒤에 받아들이라고 가르쳤다. 훗날 어떤 가르침을 만나거든 석가모니가 가르친 것과 일치하는지 확인한 뒤에 받아들이거나 거절하거나 하라고 했다.

훗날 중국에서 석가모니의 유훈을 한자로 압축해서 자등명(自燈明)·법등명(法燈明)이라고 표현했다. 혹은 좀 더 충분하게 댓구를 맞춰, '자등명·자귀의·법등명·법귀의'(自燈明 自歸依 法燈明 法歸依)'라고도 한다. 물론 순서를 바꿔서 '자등명·자귀의·법등명·법귀의'라고도 한다.

지표 : 권위주의를 거부하라

〈대열반경〉에 따르면, 석가모니는 '보가나가라'라는 곳에서 '네 가지 큰 지표'에 관해 가르쳤다. 만일 누가 나타나서 '이것이 법(法)이다'라고, '이것이 율(律)이다'라고, '이것이 석가모니의 가르침이다'라고 주장하거나 실행한다면, 그가 누구이며 어떤 사람이냐에 의거해서 무비판적으로 따르거나 거부하거나 하지 말고 그가 하는 말 자체 즉, 자구(字句)를 잘 살펴보고 그 말을 경이나 율과 대조해서 따져본 뒤에 판단하라고 가르쳤다. 이것은 '자등명·법등명'을 '불교의 기준이며 지침'으로 삼으라는 의미에 다름 아니다.

석가모니는 진리를 찾아 떠날 것도 없이 네 자신 안에 있는 '아트만'을 보라고 가르쳤다. 우주의 진리는 '숨결'로 네 안을 드나

들기 때문이다. 똑바로 보고, 똑바로 생각하고, 똑바로 살면 된다. 다른 사람의 말이 옳은지 그른지, 다른 사람이 옳은 사람인지 그릇된 사람인지 오직 네 자신이 기존에 확인되어 잘 알고 있는 '진리'와 비교하고 대조한 뒤에 옳다고 확인한 것만을 받아들이라는 이 원리가 석가모니의 원리이다.

석가모니는 현생에서 겪는 비참한 현실과 고통은 업보 때문이며, 주어진 현실에서 할 수 있는 최선의 것은 '영원한 진리' 혹은 '하나님'을 발견하거나 찾는 것에 있지 않고 자기 자신이 윤회의 사슬을 끊는 것이라고 가르쳤다. 석가모니는 '신'을 알고자 하지 않았다. 내면의 눈을 열어 자신을 바르게 보고 깨닫기를 원했다. 화살에 맞아 고통을 겪었다면, 진리 혹은 신(神)에게가 아니라 자기 자신에게 원인이 있으니 자아성찰을 통해 두 번째 화살을 맞지 않는 사람이 되라고 가르쳤다. 그런 점에서 석가모니는 '종교'를 찾지 말고 '올바르고 실천적인 지식과 지혜'를 찾으라고 가르친 셈이다.

종교적 질문을
삼가하라

———

어쩌면 세상에서 가장 끔찍하고도 무서운 종교가 '힌두교'일 것이다. B.C. 15세기에 인도-아리안 족이 인도에 들여온 베다종교가 '브라만교'를 거쳐 '힌두교'로 발전했다. 고도의 형이상학적 철학인 동시에 온갖 잡신을 만들고 받아들여서 신의 숫자가 3억 ~4억을 헤아린다. 힌두교에서는 신들도 계급이 있다. 최고위 신은 셋인데 '삼주신'(三主神, trimurti)이라고 한다. 우주를 창조하는 창조신 브라흐마(Brahma), 창조된 우주를 유지하는 비슈누(Vishnu), 우주를 파괴하는 시바(Shiva)가 그들이다. 힌두교는 타종교의 신들을 기꺼이 인정한다. 타종교의 신들을 기꺼이 힌두교의 신들로 편입시킨다. 그리고 타종교를 고사(枯死)시킨다. 힌두교에서 나온 불교, 자이나교, 심지어 시크교까지도 힌두교의 등살에 배겨내지 못했다.

'조로아스터교'는 B.C. 628년 무렵에 태어난 것으로 추정되는 '짜라투스투라'(Zarathushtra, 혹은 Zoroaster)라는 사람이 발전시킨 종교였다. 조로아스터교는 '아후라 마즈다'(Ahura Masda) 즉, '지혜의 주(主)'요 '광명(光明)의 신'을 믿으며 다른 신들에 대한 종교 제의를 거부하는 특성 때문에 일신교(一神敎)로 알려졌다. 서역의 '박트리아'에서 생겨난 이 종교는 페르시아의 다리우스 1세(B.C. 522-486 재위)가 아후라마즈다를 믿은 탓에 '페르시아 종교'가 되었다. 그런데 훗날 조로아스터교가 힌두교를 만나면서 힌두교 방식을 따라, 힌두교의 신들을 하위 신으로 거느리는 다신교처럼 되기도 했다.

'불교'도 비슷한 길을 걸었다. 석가모니의 가르침을 어기고 석가모니를 신격화하더니 힌두교의 신들을 하위 신으로 거느리는 종교가 되었다. 제석천(帝釋天) 혹은 범천(梵天), 사천왕, 그리고 온갖 신들을 불교로 끌어와 석가모니 보다 낮은 계급의 천신(天神), 보살, 사찰의 문지기 등으로 만들었다. 불교에는 이런 천신들이 많으며 온갖 활약을 한다. 이것을 '대승'(大乘)이라는 명분으로 정당화한다.

실제로는 석가모니는 이렇게 될까봐 걱정했던 것 같다. 석가모니는 깨우침을 얻는데 도움이 되지 않는다는 이유로 대답하기를 거절하고 답을 주지 않은 문제들이 있다. 이것을 십사무기

(十四無記)라고 한다. 다른 말로, 14불가기(十四不可記) 혹은 14난 (十四難)이라고도 한다. 석가모니의 뜻대로 한다면, 석가모니의 가르침을 따르는 종교라면, 절대로 거론하지 말아야 하는 문제라고 보면 된다. 〈중아함경〉 제60권과 〈잡아함경〉 제16권과 제34권에 따르면 다음과 같은 문제들이다.

세계는 영원한 것인가? 아니면 유한한 것인가?

영혼과 육체는 같은 것인가? 아니면 다른 것인가?

부처는 완전한 열반에 들어간 뒤에도 즉, 죽은 뒤에도 존재하는가? 존재하지 않는가?

열반에 든 뒤에 다시 세상에 와서 진리를 가르치는 부처는 존재하는 것인가?

아니면, 이런 부처는 존재하지 않는 것인가?

아니면, 존재하기도 하고 존재하지도 않는 것인가?

대충 이런 문제였다. 번뇌에 시달리는 사람에게는 아무리 따져봤자 무익한 문제들이다. 그렇다. 궁극의 해결책인 '깨달음'과 '해탈' 이외에는 신경쓸 필요가 없다. 형이상학적, 종교적인 의미에서의 궁극의 실체, 영원한 진리에 관한 '변론'은 해결책이 아니다. 석가모니는 구도(求道)의 종교가 아니라 '자아성찰'을 통한 구도의 '성취'를 추구하고 가르쳤다.

⑦
얼마나 수행해야
해탈할까?

—

삼아승기겁(三阿僧祇劫)

석가모니는 자신은 '삼아승기겁'에 걸쳐 수행하여 부처가 되었다고 한다. 달마선사가 석가모니의 말이라고 인용해서 설명하면서 '삼아승기겁'이라는 기간은 '무지하게 오랜 기간'을 뜻하는 비유적 표현이라고 설명했다. 그런데 〈화엄경〉은 인도의 수량(數量) 단위 120가지를 소개한다. 이 가운데 '아승기'(asamkhya)는 '10의 58승'이다. 우리가 잘 알고 있는 '억'(億)은 10의 8승이고 '조'는 10의 12승이다. '1천 조'의 일천 배라고 해봤자 10의 20승이다. 그러니 58승인 아승기는 정말 셀 수 없을 정도로 엄청난 수이다. 고타마 싯다르타는 '아승기의 3배'에 걸쳐 수행해서 부처가 되었다. 아니면 아승기는 2년을 가리키는 용어이고 〈화엄경〉이 틀렸든지.

백대겁(百大劫)

석가모니가 성불하는데 걸린 시간 개념에 또 다른 용어가 등장하는데 '백대겁'이라는 용어이다. 이 시간은 다행히 '아승기'보다는 짧다. 인도의 시간 단위에서 '겁'(劫, Kalpa)은 43억 2천만 년을 한 단위로 하는 용어이다. 1대겁은 80겁이니 백대겁은 8,000겁이다. 성불하기 위해서는 '43억 2천만×8,000' 년의 세월이 걸린다. 대겁, 중겁, 소겁은 비유적 표현이라고 설명하기도 하지만 결코 그렇지 않다. 〈화엄경〉에서 우주의 생성과 소멸을 정밀하게 설명하기 위해 고도의 수학을 동원한 것이다. 정밀한 우주론을 전개하고, 그 가운데 성불과 부처에 대해 설명하고자 한 것이니 이 숫자는 결코 비유가 아니다.

진리를 위해 목숨을 버리는 공덕

고타마 싯다르타는 29세에 출가해서 6년 동안 수행해서 깨달음을 얻은 것처럼 생각하기 십상이다. 그런데 〈열반경〉에는 그렇지 않다고 가르친다. 석가모니는 어떤 전생에 '설산동자'로 태어났다. 설산동자는 공덕을 쌓기 위해 출가해서 수행에 전념했다. 그런데 설산동자는 아무리 노력해도 진리를 깨치지 못했다. 어느 날 길을 가다가 '제행무상'(諸行無常-변하지 않는 존재는 없다), '시생멸법'(是生滅法-있다가 없어지는 것이 법칙이다)이라는 여덟 글자가 들려왔다. 순간, 설산동자는 깊고 오묘한 깨달음에 환희를 느꼈다. 설산동자는 이 게송을 읊은 사람을 찾아 게송의 나머지 반을 들려달라고 했다. 그러자 게송을 읊던 이는 자신은 사람의 살을 먹고 피를 마시는 나찰인데 며칠을 굶어 기력이 떨어졌다며 거절했다. 설산동자는 포기할 수가 없었다. 나머지 절반의 게송을 들려주면 자신의 몸을 먹잇감으로 주겠다고 제안했다. 그러자 나찰은 불과 여덟 글자의 게송을 듣기 위해 아까운 목숨을 버리느냐고 의아해했다. 설산동자는 오히려 나머지 여덟 글자를 얻어 깨달음을 완성하는 것은 질그릇을 깨고 금 그릇을 얻는 것과 같다면서 오히려 나찰을 꾸짖으며 재촉했다. 나찰은 설산동자의 다짐을 받고 '생멸멸이'(生滅滅已-생기고 없어지는 것조차 없어지면)와 '적멸위락'(寂滅爲樂-열반의 즐거움을 누린다)을 말해줬다. 설산동자는 기꺼이 약속을 지켰다. 높은 바위에 올라가 나찰에게 자신의 몸을 던졌던 것이다. 아래에 있던 나찰은 '제석천'이라는 천신의 본래 모습을 드러내며 공중에서 떨어지는 설산동자를 두 손으로 받아서 내려놓았다.

연등불수기(燃燈佛授記)와 2만 년의 공덕

'수기'란 부처가 수행자에게 나타나 장차 부처가 될 것이라고 인증해주는 것이다. 해탈하여 '부처'가 될 인물은 전생에서 '수기'를 받는다는 불교의 주장이다. '연등불수기'라는 '연등불'(Dīpamkara)이라는 과거불이 전생의 석가모니에게 장래에 부처가 될 것이라고 미리 인증해준 사연을 적은 기록이다. 다음과 같은 내용이다.

고마타 붓다는 또 다른 어떤 전생에서 수메다(Sumedha)라는 수도자의 삶을 살았다. '연등불'이라는 부처가 온다는 소식을 들었다. 수메다는 부처에게 꽃을 바치고 싶었다. 그러나 그 곳의 국왕은 오직 자기만 부처에게 꽃을 바치고 싶어서 모든 꽃을 자기에게로 가져오게 한 뒤, 사고팔지 못하게 만들었다. 그래서 수메다는 꽃을 구할 수가 없었다. 그때 곁을 지나는 한 여인이 꽃을 감추고 있는 것을 알아챘다. 그래서 수메다는 오백 명이 바친 은 5백 닢을 줄 테니 꽃 다섯 송이만 자기에게 팔라고 이 여인에게 간청했다. '구이'라는 이 여인은 꽃을 어디에 쓰려고 그러냐고 되물었다. 수메다는 부처에게 공양할 생각이고, 연등불에게서 지혜를 얻어 장차 중생을 제도할 작정이라고 대답했다. 여인은 수메다의 불심(佛心)에 감동했고, 다음 생부터는 반드시 자신과 결혼해준다는 약속을 받은 뒤에야 다섯 송이를 팔았다. 그리고 나머지 두 송이마저 내밀면서 자신은 여자라 부처 앞에 나갈 수 없으니 자기 대신 이 두 꽃도 바쳐달라고 부탁했다.

일곱 송이 연꽃을 든 수메다는 부처를 보려고 몰려든 사람들 때문에 연등불에게 다가가지 못했다. 연등불은 수메다의 마음을 알아보고, 수메다가 자기에게 올 수 있게 하려고 신통력으로 땅을 진흙탕으로 만들었다. 사람들은 진흙탕을 피해서 물러나다보니 자연스럽게 수메다의 앞길을 터주게 되었다. 수메다는 진흙탕이 된 길을 밟으며 연등불에게 가면서 꽃을 던졌다. 수메다가 던진 일곱 송이 가운데 다섯 송이는 해를 가려 사람들에게 그늘을 드리웠다. '구이'라는 여인이 맡긴 두 송이는 연등불의 양 어깨 위에 올라앉았다. 수메다는 자신의 머리카락을 진흙탕 위에 늘어놓아 연등불이 밟고 지나갈 수 있게 하였다. 연등불은 수메다의 머리카락을 밟으면서 앞으로 9겁(378억 8천만 년) 뒤에 부처가 될 것이고 그때 이름은 '석가모니'라고 수기했다. 여기에서 끝이 아니다. 수메다는 수기를 받은 뒤에 2만년을 더 수행하며 공덕을 쌓았다. 수메다는 결국, B.C. 7세기에 고타마 싯다르타로 환생했고, 이때 꽃을 팔고 결혼을 약속받은 여인은 '야소다라'로 환생하여 아내가 되었다.

547번의 전생을 거쳐

이처럼 고타마 싯다르타는 6년간의 출가수행으로 성불한 것이 아니다. 〈본생경〉(本生經, Jataka)이라는 불경은 석가모니가 고타마 싯다르타로 태어나기 전에 살았던, 547번의 전생을 이야기로 풀어낸 책이다. 고마타 싯다르타는 548번째 삶에서 부처가 되었다. 그런데 세 번의 '아승기'(10의 58승×3 년) 시간 동안 수행하고, 법구(法句)를 얻기 위해 자기 몸을 나찰의 먹잇감으로 바치고, 부처를 만나 순수함을 인정받고 2만년 동안 더 수행한 뒤에, 9겁(378억 8천만 년) 뒤에 환생해서 6년의 고행을 통해 진리를 깨달았다. 548번째에.

법장은 291억 년을 수행했지만...

흔히 듣는 '나무아미타불'이라는 말은 '아미타불에게 귀의합니다'라는 뜻인데 '아미타'라는 부처는 고타마 싯다르타가 아니라 '법장'이라는 승려가 성불해서 된 부처라고 한다. 법장이라는 비구는 5겁 동안 수행하고 서원의 공력으로 아미타(阿彌陀) 부처가 되었다. 불교의 설명을 유심히 따져보라. 법장은 남다른 자질을 갖추고 청정한 마음상태에서 '5겁'(216억 년)을 수행했다. 그래서 성불한 것이 아니라 성불하지 못했다. 결국, 법장은 48가지 서원(誓願)을 세워 그 공력으로 부처가 되었다. 청정한 마음가짐으로 216억 년을 수행한 것으로는 부족했고, 48가지 서원을 한 것이 결정적으로 작용해서 성불했다.

이렇게 언급된 어마어마한 기간을 '아주 오랜 시간 수행해야 한다'는 비유적 표현이라고 설명한다. 하지만 '수행에 의한 해탈은 절대적으로 불가능하다'는 의미의 비유라고 해야 맞다. 불가의 수행은 끝없이 '체념'하며 '하염없이' 기다리는 것이다. 뭐라도 해보려다가 오히려 악업을 쌓을 수도 있고, 억지로 현실의 비참한 상황을 개선하려다가는 자신이 받아야할 응보를 거부하고 또 다른 과보를 쌓는 우를 범하게 될 수도 있으니 차라리 포기하자는 결론을 피하기 어렵다. 체념하되 고통을 고통으로 느끼지 않으려고 무지하게 노력하면서 해탈을 꿈꾸며 무한정 기다리는 것이다.

열반(涅槃):
정말 있을까?

—

'열반'의 존재를 인정하지 않으면 '불교'가 아니다. 그런데 열반은 불교만의 고유한 사상이 아니다. 정말이지. 불교는 불교를 성립시키는 중요한 개념과 요소들 가운데 불교 고유의 것은 거의 없다. 어쨌든 석가모니가 목표로 삼은 '열반'은 고대 인도의 사상이며, 지금도 힌두교는 환생을 통해 열반에 이른다고 가르친다. 한국인들은 '힌두교'를 모르니 불교의 설명을 듣고 머릿속에 남는 '이미지'에 의해 '열반'이 불교 고유의 사상이라고 여긴다.

불교는 종파에 따라 열반을 다르게 설명하거나 구분한다. 열반, 반열반(완전한 열반), 유여열반, 무여열반, 진여열반, 무주처열반, 본래자성청정열반, 성정열반, 방편정열반, 원정열반 등의 용어들이 있다. 상식적으로 생각해보면, 이러한 다양한 용어는 석가모니가 목표로 삼았고 그리고 설명했을 '열반'이라는 것을 다양한 관점에서, 정밀하게 설명한 학술적 시도에 불과한 것이다. 복잡하고 정밀하게 분석한다고 해서 실체가 달라지지 않기 때문이다.

석가모니는 당시의 인도의 수많은 사상가들은 현실성은 하나도 없이 단지 관념적일 뿐인 인생관 혹은 삶의 목표를 제시하거나, 죽어서나 도달할 수 있는 세계를 제시하는 것에 회의감을 품고 현실적인 목표를 찾고자 했을 가능성이 있다. 그래서 브라만교의 이상주의적 열반을 거부하고 현실적인 '열반'을 찾았을 가능성이 크다. 그 연장선에서 육신의 죽음으로 '완전한' 열반 즉, '니르바나'의 뜻에 부합하는 상태에 들어가기를 원했을 것이다. 따라서 '열반'과 '반열반'으로 나누는 것이 기본적인 분류일 것이다. 물론, 포괄적으로 '열반'이라고 이해해도 전혀 문제가 없지만, 전자는 지적이며 심리적인 차원에서의, 마음에서의 '열반'이다. 반면에 '반열반' 즉, 입멸 혹은 적멸은 단지 '죽음'을 종교적 차원에서 하는 말일 뿐이다.

'반열반'이, 후대의 대승불교가 가르친 진정한 열반이며 영원한 세계인데, 이 세계가 어떤 세계인지에 관한 설명의 근거가 애매하다. 열반에 관한 모든 설명은 상상의 산물이라고 할 수 있다. 왜냐하면 '열반'의 세계는 '촛불이 꺼진 상태'처럼 모든 존재가 '멸'(滅)해서 아무것도 없는 상태이기 때문이다. 그래서 열반을 동경하고 열반에 들어갔다는 주장과 증언은 많지만 열반으로

부터 누군가가 와서 '열반의 세계'에 관해 말해준 신뢰할만한 증언은 없다. 석가모니는 우주를 창조한 즉, 열반을 창조한 '신'(神)에 관해 말하지 않았다. 그러니 신으로부터의 계시도 없다. 불교에서 열반에 들어간 존재를 '과거불'이라고 하는데 석가모니까지 일곱이다. 소위, '과거칠불'이다. 어떤 제자가 열반에 들어간 부처가 다시 세상에 와서 진리를 가르칠 때 그 부처는 존재하는 것이냐, 존재하지 않는 것이냐고 묻자 석가모니는 그런 질문은 하지 말고 생각도 말라는 식으로 대답했다. 그렇다면 석가모니는 완전한 열반이 있음을 정말 아는 것일까? 아니면, 있다고 생각한 것일까? 정말 안다면, 어떻게 알 수 있었을까?

좀 더 정확하게 질문하자면, '완전한 열반'이 존재하기 때문에 있다고 믿는 것인가? 아니면, '완전한 열반'의 세계가 존재한다고 믿기 때문에 존재하는 셈으로 친 것인가? 종교의 본질을 묻는 질문이다. 유신론은 창조주를 상정한다. 창조주가 우주를 만들고 사후세계를 만들었다고 믿는 종교가 있다면 그 종교가 말하는 그 창조주가 정말 존재하느냐만 따지면 된다. 그런 창조주가 존재한다면 그 창조주가 만든 사후세계가 존재한다고 믿을 수 있다. 그런 창조주가 존재한다고 믿지 못한다면 그 이외의 것에 대해서는 더 말할 것도 없다. 만일 창조주를 믿으면 그 창조주가 직·간접적으로 '사후세계'에 관해 말해주는 내용도 믿음으로 받아들이면 된다.

그런데 불교는 이게 아니다. 석가모니는 무신론자(無神 論者)라고 해야 맞다. 무신론은 '사후세계' 혹은 '영원'으로부터 와서 '사후세계'에 관해 말해주는 존재를 믿지 않는 것이다. 그러면 불교는 '어떻게 해서 "사후세계"인 "완전한 열반"이 존재한다고 믿을 수 있는 것인가?'라는 질문에 직면한다. '완전한 열반'은 존재가 완전히 없어지는 것이라면 '정말로 완전히 없어진다'는 것은 어떻게 알며, 어떻게 확인할 수 있는가? 실은, 완전히 없어진 그 상태를 확인할 존재도, 확인할 방법도 없다. 왜냐하면 완전하게 없어진, 적멸의 상태라면 관찰자도 존재할 수 없고, 관찰자가 들여다보고 있다면 적멸의 상태가 아니기 때문이다. 그리고 존재가 없어졌는데, 없어진 뒤에 어떻게 다시 존재를 회복해서 되돌아올 수 있단 말인가?

이런 의문에 대한 불교도의 가장 정직한 대답은 '열반은 (실은, 윤회까지 포함해서) 논외(論外)의 대상이다'라는 말일 것이다. 이 말은, 묻지도 따지지도 말고 무조건 믿으라는 뜻이다. 무조건 믿지 않으면, 따라서 열반의 존재를 부인하면, 불교도가 아니니 불교도로 남고 싶으면 무조건 믿어야 한다는 말에 다름 아니다. 진짜 문제는 '강렬하게 믿으면, 존재하지 않는 것도 존재하게 만드느냐'는 것이다. 정말이지. 이렇게 되는 것이라면 '정말 강렬하게 믿어야 한다.' 그런데 사람의 '강렬한 믿음'은 존재하지 않는 열

반을 존재하게 만들 수 있을 정도의 창조능력을 발휘한다는 증거
는 있는가? 단지 '강렬한 믿음' 그 자체가 의미가 있다고 생각하
는 것이라면 그 종교는 거짓이다. '허위의식'을 조장할 뿐이다.

9

삼신불(三身佛) :
삼위일체의 부처

    대한불교 진각종에서는 법당(法堂)에 불상을 놓지 않는다고 한다. 법당은 단지, 불법을 가르치고 수행하는 공간으로 여기고 사용할 뿐이다. 그러나 대승불교에서 법당은 부처를 신격화하고 예배의식(예불)을 거행하는 장소가 되었다. 대승불교에 따르면, 〈법화경〉에서 석가모니를 위대한 영웅이라고 한데서 착안해서 절(사찰)에서 가장 중심되는 건물을 '대웅전'(大雄殿)'이라고 한다. 현세(現世)의 교주(敎主)이니 당연히 중심적인 자리에 둔다. 그리고 좌우에 보살을 하나씩 세운다. 불교의 일반적인 해명은 석가모니 이전에도 부처가 있었고 석가모니가 열반한 뒤에도 계속 존재하고 중생을 제도하기 위해 여러 모습으로 나타난다는 것을 의미하기 위해서라고 한다. 석가모니는 열반에 들어 존재가 소멸되었는데 왜 석가모니에게 예불을 드릴까? 석가모니는 예불을 받을 수

없는데 왜 예불을 드릴까? 그렇더라도 꼭 불상을 놓아야 할까? 하나만 놓으면 안 될까? 왜 굳이 셋을 놓을까? 세 개의 불상을 놓고 예불을 드린다면 불교는 삼신교인가?

〈법화경〉에서는 삼신불(三身佛) 사상을 가르친다. 법당에 세 개의 불상을 놓을 때, 중앙에 있는 불상을 법신불(法身佛), 왼쪽에 있는 불상을 화신불(化身佛) 혹은 응신불(應身佛), 오른쪽에 있는 불상을 보신불(報身佛)이라고 한다. 법신불은 자연인의 눈에 보이지 않으며 영원한 진리 그 자체인 부처이다. 진리불(眞理佛)이라고도 한다. 수행(修行)에 의해 부처가 된 것이 아니고 본래부터 부처였기에 이불(理佛)이라고도 한다. 〈법화경〉이 가르치는 '법신불' 정말 난해하기 짝이 없다. 수행과 해탈을 거치지 않고 본래부터, 처음부터 부처였다는 것은, '영원'이라는 초월적 세계의 존재와, 영원한 신(神)이 존재한다는 유신론적(有神論的) 발상에 다름 아니다.

'법신'(法身)이라는 개념은 '다르마'(法)와 석가모니의 신격화라는 점에서 설명을 시작하면, 석가모니는 우주의 영원한 법과 하나가 되었으니 영원 그 자체요 법 그 자체라는 발상이 나온다. 게다가 다른 어떤 인간이 흉내낼 수 없는 남다른, 초자연적인 무엇이 있다고 생각하면, 수행에 의해 된 부처가 아니라 본래부터 부처라는 발상이 나온다. 이것은 부처를 처음부터 '신'(神)으로 생각한다는 말이다. 그러나 '고타마 싯다르타'가 6년 수행 끝에 깨달음을 얻어 석가모니가 되었고, 제자들에게 자신의 방법을 가르쳤다는 점을 생각하면 본래부터 '신'(神)인 부처라는 개념은 불교에서는 허용될 수 없는 개념이다.

법신불 : 비로자나불(毘盧遮那佛)

'비로자나'는 산스크리트어로 '마하바이로차나'(Mahavairocana)인데 '크다' 혹은 '위대하다'라는 뜻의 '마하'와 '태양'이라는 '바이로차나'가 결합한 단어이다. 그래서 '대일여래'(大日如來)라고도 한다. '마하바이로차나'는 처음에는 '다르마'(法)를 가리켰다. 그러다가 점차 인격화되어 〈화엄경〉에 이르러서는 우주 전체에 광명을 비추는 법신불(法身佛)이라는 부처로 발전했다.

우주 자체이며 우주 전체를 감싸고 있던 비로자나불은 처음에는 '혼돈'이었다가 오랜 참선 수행 끝에 깨달음을 얻어 빛이 되었다. 비로자나불의 혼돈에 의해 장남인, 어둠의 신 '마라'가 태어나고 깨달음에 의해 빛의 신 '라마'가 태어났다. 빛의 신과 어둠의 신, 비로자나불의 두 아들은 서로 싸우다가 어둠의 신이 패하여 쫓겨가고 빛의 신은 상처를 입어 죽었다. 비로자나불은 둘째 아들, 빛의 신 '라마'의 죽음을 슬퍼하였다. 라마의 몸을 네 등분하여 동서남북의 부처(선정불)로 만들어 마라를 막도록 하였다. 비로자나불을 주불(主佛)로 삼고 있는 불경이 〈화엄경〉인데 〈화엄경〉에서 비로자나불은 한 마디도 하지 않고 침묵을 지킨다. 미혹에 빠진 인생들의 눈에는 비로자나불이 보이지도 않는다. 그러나 어디에나 있으며, 굳건히 믿고 있으면 언제 어디에서든 만날 수 있다.

응신불(應身佛) : 석가모니

응신불(화신불)은 중생을 구제하기 위해 유한한 세계에 유한한 존재인 사람으로 태어난 석가모니 부처를 가리킨다. 석가모니는 영원 전에 이미 성불하였다고 한다. 그런데 중생을 제도하기 위해 일시적으로 사람이 되었다는 것이다. 그래서 '구원(久遠)의 법신불'이라고도 한다. 응신불인 석가모니가 깨달음을 얻었을 때 법신불(法身佛)이 석가모니와 하나가 되어, 석가모니를 통해 법신불을 나타낸다. 그런데 왜 이런 진술이 석가모니가 죽은지 최소한 7백 년 이상 지난 뒤에 나올까? 〈열반경〉과 〈본생경〉에서는 왜 이런 식으로 말하지 않았는가? 원시불경의 어느 곳에서, 석가모니가 정말 식으로 가르친 설법이 있을까?

법당에 삼신불을 봉안해서 예불을 하려면, 석가모니가 해탈을 한 뒤에, 나는 본래 영원불변한 법이지만 너희를 가르치기 위해 사람으로 왔다고 가르쳤어야 한다. 깨달음을 얻은 그 순간, 나와 법은 하나가 되었다고 선언했어야 한다. 이런 진술은 〈수타니파타〉같은 원시 불경에서 가장 중요한 부분을 차지했어야 한다. 〈열반경〉에서도 석가모니는 죽을 때, '열반' 즉, 입멸(入滅)한다고 가르쳐서는 안 되고 '나는 본래 법인데 잠시 사람으로 왔다가 이제 다시 육신을 떠나 완전한 법으로 돌아간다'라고 가르쳤어야 한다. 무엇보다도 '니르바나'라고 말해서는 안 되고, '영원히 존재한다'라고 선언했어야 한다. 법화경의 삼신불 이론이 맞다면 '열반'이라는 것은 필요 없는 것이다.

보신불(報身佛)

법신불은 영원하지만 눈에 보이지 않고, 응신불은 몸을 가졌기에 유한성이 있다. 보신불이 법신불과 응신불 사이에서 중재한다고 한다. 한국에서 보신불로 여기는 대표적인 부처는 미륵불(彌勒佛) 아미타불(阿彌陀佛) 약사여래불(藥師如來佛) 이렇게 셋이다. 이 세 부처의 공통점은 수행이나 서원의 공덕이 받아들여져서 부처가 된 점이다. 깨닫지 못한 중생을 측은히 여기고 자비를 베풀고자 하는 간절한 마음이 받아들여져, 염원에 대한 응답으로 부처가 되었기에 수용신(受用身)이라고도 한다.

아미타불은 법장이라는 비구가 48가지 큰 서원을 세워서 된 것이고, 약사여래는 12가지 서원을 해서 되었다. 보신불에 등장하는 부처들의 문제는 석가모니가 제시한 팔정도(八正道)를 닦아서 지고무상의 깨달음에 도달하지 않아도 '부처'가 되는 길이 있다고 가르친다는 점이다. 게다가 이 부처들은 '중생계도'의 원을 세웠다. 그렇다면 이제, 나머지 중생도 삼특상(무상→고→무아)을 거치거나 육바라밀을 거쳐 열반에 도달하는 길을 가지 않아도 된다. 새로운 길이 생겼다. 원칙적으로 따져보면, 석가모니를 포함한 '과거칠불'은 다 죽었다. 존재가 소멸되었다. 미래불은 아직 부처가 안 되었다. 미륵은 앞으로 56억 7천만 년 뒤에 부처가 될 것이고 아직은 보살이다. 그렇다면 현재, 우리 세계의 부처는 누구인가?

여래삼불능(如來三不能)

석가모니는 죽기 전에 부처도 해주지 못하는 세 가지가 있다고 가르쳤다. 해탈에 관한 것이다. 해탈은 중생이 해탈을 목적으로 삼아 적극적으로 수행해야 하고, 수행자 자신이 이루지 않으면 안 된다. 이것이 석가모니의 가르침이다. 그래서 마지막 유훈과 지표는 '자등명법등명, 자귀의법귀의'였다. 이에 부합하게 석가모니는 '여래삼불능'을 말했다. 부처도 해주지 못하는 것이 셋이라는 뜻이다. 첫째, 수행자가 스스로 자신의 과업을 바로 잡지 못하면 부처도 어쩔 수 없다. 인과응보의 법칙은 부처도 깨뜨리지 못한다는 뜻이다. 둘째, 부처와 인연이 닿는 않는 사람은 도와주지 못한다. 부처는 인연을 만들지 못한다는 뜻이다. 셋째, 부처는 모든 사람을 구제하지 못한다. 부처는 전능하지 않다는 뜻이다. 결국 부처는 '전능한 신'(神)이 아니라는 고백이다. 사람은 각자 스스로 알아서 해탈하는 것 이외에는 도리가 없다. 못나도 자기 탓이고 잘나도 자기 탓이다.

그렇다면 보신불은 석가모니보다 열등함에도, 석가모니가 구제하지 못한 중생을 어떻게 계도할 수 있다는 말인가? 보신불의 이 능력은 어디에서 왔을까? 자신들은 석가모니와는 달리, 팔정도를 닦아서 지고무상의 깨달음을 얻지 못했는데 어떻게 석가모니가 깨뜨리지 못한 인과응보, 윤회의 사슬을 깨뜨리고 중생을 구제할 수 있다는 것인가? 정말 이러한 보신불이 있다면, 석가모니 혹은 법신불에 대한 예불은 필요 없다. 석가모니는 죽었다. 열반에 들어갔다. 어쨌든 보신불 하나면 된다. 어떤 불경도 필요 없다. 그 보신불의 가르침을 따르면 되고, 보신불의 한량없는 자비를 기다리면서 그 이름을 열 번만 부르면 된다.

10

예불(禮佛) :
예배드리는 수행자

———

불교는 '수행'이다. 즉, 갈고 닦음이다. 그래서 '마음공부'라고
도 한다. 닦지 않으면 '진리'를 깨닫지 못하고 해탈도 불가능하
다. 그러므로 불가에는 '깨달음을 향해 가는 자'와 '깨달음에 도
달한 자,' 다른 말로 하자면, '깨달을 자'와 '깨달은 자'이렇게 딱
두 종류의 인간 밖에 없다. 좀 더 간단하게 표현하면, '아직'과
'이미'라는 말이 적당하다. '아직'에 속하는 수행자들은 전적으로
'닦음'에 전념해야 한다. '이미'에 속하는데 아직 입멸하지 않았
다면 수행자들을 도우면 된다. 이처럼 '사찰'이라는 도량(道場)에
서는 '팔정도를 닦는 것' 이외에는 아무것도 필요치 않다.

'예배'(禮拜)와 '제사'(祭祀)'는 사실상 동일한 개념이다. '예배'
는 압도적으로 강력한 존재 앞에게 굴복과 섬김을 바친다는 의미
이다. 종교에서 예배의 마음과 행위는 절대적 존재인 신(神)의 존

재 때문이다. 굴복하고 복종하고 존숭하며 섬겨야할 신적 존재가 없다면 '예배'라는 개념은 있을 수 없다. 게다가 종교적 예배는 그 신으로부터 구원과 축복을 받았다는 것을 전제한다. '제사'라는 글자도 신이 기뻐하는 예물을 드리며 신 앞에 나아간다는 뜻이 함축되어 있다. 이처럼 예배와 제사의 중심에는 '절대자를 향한 숭배 혹은 섬김'의 정신이 있다. 물론 절대자가 기뻐할 '제물'(예물)을 드린다. 그러므로 유신론자는 자신이 절대자로 인정하는 신 앞에 예배를 바치고 숭배하는 뜻을 나타내는 것을 기본 의무로 하기 때문에 '예배'드리기 위해 모인다. 무신론자는 섬겨야할 신이 없기 때문에 예배로 모일 까닭이 없다.

석가모니는 신을 거부했고 신이 되는 것도 거부했다. 제자들에게는 신과 영원에 관한 문제에 대한 관심을 끊으라고 가르쳤다. 석가모니는 예배의 종교를 원치 않았던 것이다. 석가모니는 '구도(求道)'를 가르쳤다. 좌선수행을 통해 팔정도를 닦고, 자기 안에 있는 진리를 성찰하라고 가르쳤다. 석가모니의 승단(僧團)은 수도정진을 위한 공동체였던 것이다. 석가모니를 향해 '예배'를 드린다는 개념이 생기려면, 본래의 석가모니를 버리고 신격화(神格化) 즉, 가짜 석가모니를 만들어야 한다. 이것은 석가모니의 정통 제자들의 맥을 잇는 상좌부불교에서는 뿌리내리기 어려운 관념이다. 상좌부의 맥, 석가모니의 가르침을 준수하는 전통이

끊어진 뒤에야, 절대자에 대한 의존감 즉, 종교심이 어느 정도 들어올 수는 있다.

B.C. 3세기에 '마힌다' 장로가 불경을 전하기 위해 스리랑카로 건너왔다. 마힌다의 뒤를 따라 여동생 '상가미타'도 건너왔다. 상가미타는 오는 길에 석가모니가 깨달음을 얻을 때 수행정진했던 보리수나무를 찾아가 그 가지를 하나 꺾어왔다. 그 가지를 '아누라다푸다'의 마하보디 사원에 심었다. 그 가지에서 자란 보리수나무와 부처의 어금니는 스리랑카 민중의 신앙을 구축하는 토대가 되었다. 즉, 스리랑카에는 마힌다로 상징되는 학문불교인 상좌부의 법통과 더불어 상가미타의 보리수나무와 부처의 어금니로 상징되는 민중종교로서의 불교가 자리 잡고 있다. 그런데도 지금 남방불교에서는 예불의식을 별로 중시하지 않는다. 예불을 드리기 위한 격식(格式)은 당연히 뚜렷하지 않다. 목탁도 없다. 염주도 없다. 염불도 없다. 격식(格式)에 매인다는 것 역시 석가모니의 정신에 부합하지 않는다.

한국불교는 4세기 후반 고구려 소수림왕 때 처음 전래되었다. 그 12년 뒤인 384년에 백제에 전래되었다. 신라는 불교를 박해하였다가 527년에 허용했다. 하지만 예불의식은 7세기에 이르러서야 나타났다고 한다. 한국의 사찰에서 드리는 예불은 새벽 세 시에 기상해서 새벽예불(새벽 4시 30분), 사시예불(오전 10시), 저녁예불(오후 6시)이렇게 세 차례 드린다. 새벽예불이 가장 중요한 대표적인 예불인데 먼저 새벽 세시에 기상해서 목탁을 두들기며 사찰이나 법당 주변을 도는 도량석은 석가모니의 가르침과는 전혀 관계없다. 음행오행설의 이론을 따르는 것이다. 목탁을 사용하는 것도, 불교의 사물의례를 치는 것도 마찬가지이다. 즉, 한국과 중국의 불교는 불교의 기본적인 정신을 구현해야할 예불의식을 불교의 원리에 따라 다듬지 않는 것이다. 어쩌면 그럴 수 밖에 없는 것이 석가모니의 가르침이나 초기 근본불교의 전통에서는 예불의식이라는 개념이 나올 수 없기 때문이다.

한국의 사찰에서 드리는 예불형식도 대체로, 도량석-새벽종성-법고-법종-목어-운판-예불문-발원부-(천수경-)반야심경-금강경의 순서에서 크게 벗어나지 않는다. 많은 사찰에서는 〈천수경〉을 포함시킨다. 즉, 예불의식의 중심에는 '다라니'를 외우는 것에 있다. 다라니는, 불교가 힌두교를 흡수하고 동화되어서 '밀교'라는 것으로 변질되면서 힌두교를 따라 '주문'을 외우게 된 것이다. '주문'은 그 문구의 실제 내용과는 상관없이, 그 주문을 말하면, 그 주문에 있는 신통력이 발휘된다고 믿는 것이다. 그러므로 실제로 예불의식을 드리는 한국의 승려들은 불법을 믿거나 불법을 수행하거나 의지하기 위해서가 아니라 주문의 신통력을 절대적으로 신봉하여, 주문을 외우기 위해 예불을 드리는 것이다.

11

천수경(千手經):
신통력을 부르는 주술

———

　대승불교는 '불상'을 모셔놓고 '예배'를 드린다. 특히, 한국의 사찰에서 드리는 예불은 〈천수경〉으로 시작해서 〈천수경〉으로 완성되고 〈천수경〉으로 끝난다고 해도 과언이 아니다. 한국 불교는 '천수경 불교'라고도 할 수 있다. 〈천수경〉의 원래 이름은 무척 길어서 〈천수천안관자재보살광대원만무애대비심대다라니〉이다. 끝에 '다라니'라는 명칭이 붙어있다. '다라니'(dhárani)는 '신통력을 가진 주문'이며 힌두교에서 들어온 것이다. 즉, 석가모니의 가르침과 아무 상관이 없으니 불교에서 사용해서는 안 되고 '경'(經)이라는 명칭을 붙여도 안 된다. 그런데도 중국과 한국에서는 '불경'의 수준으로 높였다.

　천수경의 제목과 중심에는 '관자재보살'이 있다. 〈천수다라니〉는 천 개의 손(千手)과 천 개의 눈(千眼)을 가지고 있고 크고 넓고

너그러우면서도 꽉 차 있으며(廣大圓滿) 거칠 것 없이 커다란 자비심(無碍大悲心)을 가진 '관자재' 혹은 '관세음' 보살의 신통력을 빌리자는 주문(呪文)이다.

천수경은 여러 부분으로 구성되는데, 게(偈)라는 명칭이 붙은 부분은 한문으로 번역되어 있고 '진언'(眞言)'이라는 이름이 붙은 부분은 '다라니'라서 번역하지 않고 '산스크리트어' 그대로 읊는다. 물론 의미가 있지만 외우는 것 자체를 중시한다. 순서대로 간단히 살펴보자.

입을 깨끗이 하는 주문인 정구업진언(淨口業眞言)→오방내외안위제신진언(五方內外安慰諸神眞言)→개경게(開經偈)→개법장진언(開法藏眞言)→개법장진언(開法藏眞言)→신묘장구대다라니(神妙章句大陀羅尼)→사방찬(四方讚)→도량찬(道場讚)→참회게(懺悔偈)→참제업장십이존불(懺除業障十二尊佛)→참회진언(懺悔眞言)→정법계진언(淨法界眞言)→호신진언(護身眞言) 등등을 거쳐 정법계진언(淨法界眞言)으로 끝난다.

(1) 정구업진언(淨口業眞言): 입으로 나쁜 업을 쌓은 것이 많을 수밖에 없으니 축복을 기원하는 좋은 말로 업을 씻는 주문이다. '진언'이기 때문에 문자 그대로 번역한들 그다지 의미가 없고 다양한 의미로 의역할 수도 있다. '수리수리 마하수리 수수리 사바하'라는 문장을 세 번 반복한다. 간단히 의역해보면, '복받으세

요. 복받으세요. 큰 복을 받으세요. 지극한 복을 받으세요. 그 복이 영원하십시오.'라고 자기가 지은 죄를 씻기 위해 복을 비는 주문이다.

(2) 오방내외안위제신진언(五方內外安慰諸神眞言) : 제목은, '내가 있는 곳(중앙)과 주위를 둘러싼 네 방향, 그리고 내 안팎의 모든 신(神)을 달래는 주문'이라는 뜻이다. 원래 '다라니'가 힌두교에서 왔으니 힌두교의 수많은 신들을 가리키는 것이지만 불교에서는 석가모니를 따르는 모든 신들이라는 식으로 해석한다. '나무 사만다 못다남 옴 도로도로 지미 사바하'라는 문장을 세 번 반복한다.

(3) 신묘장구대다라니(神妙章句大陀羅尼) : 〈천수경〉 전체를 압축한 핵심이며, 별도로 이 부분만 떼어서 '불경'처럼 간주하기도 한다. '관자재보살'을 반복적으로 부르면서, 자비와 보호와 소원성취와 깨우침을 구하는 호소를 계속하는 것으로, '보살이시여, ~을 주시옵소서!' '보살이시여, ~을 이루어주시옵소서!'를 반복한다고 보면 된다.

(4) 참제업장십이존불(懺除業障十二尊佛) : 제목은, 참회하는 모든 악업을 소멸하는 능력을 가진 12부처에게 귀의한다는 뜻이다. 이 가운데 '환희장마니보적불'(歡喜藏摩尼寶積佛)과 '제보당마니승광불'(帝寶幢摩尼勝光佛)은 '마니교'에서 끌어온 부처로 보인

다. 8세기 초에 중국에서 한역된 마니교 서적에 〈마니교하부찬(摩尼敎下部讚)〉과 〈마니광불교법의략(摩尼光佛敎法儀略)〉 두 가지는 불교서적과 구별이 안 될 정도라고 한다. 마니교의 신을 '마니광불'(摩尼光佛)이라고 번역한 것에 주목해야 한다.

마니교는 A.D. 3세기 전반부에 살았던 '마니'라는 사람이 만들었고, 3세기~7세기에 유행했다가 없어졌다. 중국에 전래된 마니교는 14세기까지 명맥을 이어갔다. 마니교에서는 영적인 빛과 어둠의 투쟁으로 우주, 세계, 인생, 그리고 선악을 설명한다. 궁극적으로 선 즉, 빛이 승리하여 그 원천인 빛의 세계로 돌아간다. 불교에서는 '마니광불'을 '여의주'라는 보물을 가지고 있다가 빛을 비춰 환희의 기쁨을 갖게 만들어주는 '환희장마니보적불'로 받아들였다. 게다가 음란한 죄, 도둑질한 죄, 살인한 죄, 망언을 한 죄를 없애주는 부처라고 믿는다. '제보당마니승광불'이라는 이름도 비슷하다. '황제의 보물 깃발처럼 모든 것을 이기는 마니광불'이라는 뜻이고 엄청나게 쌓인 죄업을 다 씻어주는 위력을 발휘해달라는 기원이다.

(5) 관세음보살본심미묘육자대명왕진언(觀世音菩薩本 心微妙六字大明王眞言) : 관세음보살(관자재보살)의 미묘한 본심인 여섯 글자로 된 크고 밝은 '진언'이라는 제목이다. '옴 마니 반메 훔'이다. 이 여섯 글자를 세 번 반복한다. '옴, 보석 연꽃, 훔' 정도의

의미인데 '관세음보살'이나 이 보살의 마음과는 관련이 없고 다만, 밀교에서는 이 주문을 외우면 모든 공덕을 성취한다고 믿는다. 백만 번 외우면 '부처'가 된다는 믿음도 있다. 그래서 '법회'로 모여 기도시간을 가질 때 단체로 10분가량 '옴 마니 반메 훔'을 반복하는 종파도 있다.

이 육자대명 다라니보다 앞부분에, '옴 살바못자 모지 사다야 사바하'를 세 번 반복하고 시작하는 '참회진언'(懺悔眞言)과, '옴 남'을 두 번 반복하는 '정법계진언'(淨法界眞言)과, '옴 치림옴 치림옴 치림'을 외우는 '호신진언'(護身眞言), 그리고 그 뒤의 몇몇 진언에서 '옴'자로 시작하는 특징이 있다.

'옴'이라는 글자는 고대의 〈베다〉로부터 오늘날 힌두교에 이르기까지 '신성한 소리'로 간주한다. 우주의 신, 태초의 소리, 우주의 근본적인 소리로 간주하여 힌두교에서 기도문의 첫머리에 사용했다고 한다. 석가모니와 초기 불교에서는 사용하지 않았는데, 대승불교 후기에 들어서서, 삼신불(법신불–응신불–보신불)이 '옴'을 들여다보고 깨달았다는 해석을 붙여 합리화해서 받아들였다. '옴'은 모든 주문(다라니)의 기본으로 간주한다. 심지어 '옴'을 '우주신'이라고 버젓이 번역하는 불자들도 있다. '옴'이라는 소리에 소원을 성취하는 근본적인 신통력이 있다는, 힌두교의 신앙을 그대로 따르고 있다.

12

반야심경(般若心經): 주문을 걸기 위해!

━

불교의 예불의식에서 〈천수경〉과 함께 반드시 외우는 불경이 〈반야심경〉이다. 반야심경은 〈대반야경〉의 전체 핵심을 260개의 글자로 압축한 것이다. 경전의 핵심을 압축해서 '핵심경전'이라고 이름을 붙이고 불경으로 대우해주는 격이다. 당나라 현장이 7세기 초에 인도 나란다 사원에서 산스크리트어와 불교를 배우고 돌아와 3년간 번역한 〈대반야경〉은 6백 권 분량이며, 글자수로 5백만 자(字)에 달한다. 한글 성경전서의 대략 25배 분량이라고 한다. 반야경 전체가 아니라 첫 부류인 〈대반야경〉 부분만 한 번 읽는 데만도 하루에 여덟 시간씩 '정독'한다면 대략 2년이 걸린다. 현장은 이것을 3년 만에 번역했다. 너무 엄청난 분량인지라 다 읽을 수는 없으니 압축 정리한 것을 외우는 것으로 대체하자는 것이다.

〈반야심경〉은 '관자재보살'이라는 이름을 언급하기 시작해서 '공'(空)을 간명하게 정리한다. 여기에 '색불이공 공불이색 색즉시공 공즉시색'이라는 유명한 표현이 등장한다. 있는 것이나 없는 것이나 똑같다는 말이다. 핵심 내용은 '얻을 것이 없는 까닭에 보살은 반야바라밀다를 의지하므로……최상의 깨달음을 얻느니라'라는 선언이다. 그런데 이처럼 불교의 핵심사상을 나열한 진짜 목적은 '반야바라밀다는 가장 신비하고 밝은 주문이며 위없는 주문이며 무엇과도 견줄 수 없는 주문이니……이제 반야바라밀다주를 말하리라'라는 부분에 있다. 그러니까 여기까지가 서론이며, '아제 아제 바라아제 바라승아제 모지사바하'라는 '주문'을 세 번 외울 이유를 밝힌 것에 불과하다. 그렇다! 이 주문을 외우고 싶어서, 〈반야심경〉을 만들고, 예불을 드린 셈이다.

다라니 즉, 주문은 굳이 번역할 필요가 없다. 주문은 뜻이 아니라 말소리에 신통력이 있고, 열심히 반복하다보면 소원이 성취된다고 믿고서 외우는 것이니 말이다. 이 주문의 산스크리트어는 '가테 가테 파라가테 파라상가테 보디스바하'이다. 기본 의미를 확인해보면 '가자, 가자, 피안의 세계로 가자, 완전한 피안의 세계로 모두 가자, 영원한 깨달음이여'가 된다. 음미해보면 무척 재밌는 주문이다. 길(道)을 찾아서 떠나는 것이 수행이며 닦음이다. 홀홀 털고 가면 된다. 그런데 모여 앉아서 '가자!' '가자!'하고 주문을 반복해서 외우며, 피안에 도착하기를 염원하고 있다. 완전한 지혜를 갖추고 완전한 깨달음을 갖추는 것은 좋은 것이니, 속세를 등지고 번뇌를 끊으며 수행하는 것이 불교다. 자력(自力)으로 즉, 스스로 이루라고 석가모니가 가르쳤다. 그런데 수행하기 위해 모여 앉아서, 그 좋은 것을 이루고 싶은 간절함을 담아 주문을 반복하니 이루어달란다. 석가모니의 방법과는 완전히 다른 주술적 방법이다.

13

관자재보살 :
시작도 원인도 없이 존재하는 전능자

—

한국 불교의 하루는 〈천수경〉으로 시작하고 끝난다. 예불 가운데 가장 중요한 새벽예불의 시작인 '도량석'도 〈천수경〉을 외우면서 법당 주변을 도는 것이다. 예불이란 〈천수경〉을 외우는 것이다. 〈천수경〉에서 가장 중요한 단어는 힌두교에서 우주의 신, 우주의 근본 소리라고 하는 '옴'이다. 천수경에는 온갖 부처와 보살의 이름이 나오지만 가장 중요한 부처는 '관자재' 혹은 '관세음'이라고도 하는 보살이다. 관자재보살은 한국 불교에서 가장 많이 애송하는 〈천수경〉과 〈반야심경〉의 주인공이니 한국 불교의 교주(敎主)는 석가모니가 아니라 '관자재'라는 신(神)인 셈이고, 한국 불교는 천 개의 손과 천 개의 눈을 가진 관자재 신(神)의 신통력을 빌리자는 주술종교인 셈이다.

주문과 기도는 전적으로 다르다. 기도는 '신'에게 소원을 말하지만 신의 뜻에 맡기는 것이다. 하지만 주문은 신에게 '마법'을 거는 것이다. 주문에 걸린 신은 주문을 거는 '사람'의 뜻을 이뤄주지 않을 수 없다. 신이 주문에 걸릴 때까지 주문을 반복한다. 그래서 반복이 전혀 문제가 안 된다. 힌두교는 신통력을 발휘하고, 신을 움직이게 만드는 '글자'와 '문구' 그리고 '소리'를 찾아냈다. 짧은 것을 '만트라'라고 하고 약간 긴 것을 '다라니'라고 한다. 한마디로, 특정한 문구나 소리는 특이한 능력을 발휘한다고 믿고, 그 신통력을 빌리기 위해 만들어낸 힌두교의 주문을, 불교 안으로 받아들여 마치 독립된 불교경전처럼 만든 것이 〈다라니경〉이다. 본래 불교는 현생의 삶을 편안하고 윤택하기 위한, 잡다한 신통력을 금했다. 그런데 대승불교에서는 소원성취를 위해 온갖 신을 끌어들여 주문을 단순 반복하는 종교가 되었다. 이런 목적으로 끌어들인 대표적인 신이 '관자재보살'이다.

'관자재보살'의 산스크리트 본명은 '아바로키테스바라'(Avalokitesvara)이다. 산스크리트어로 '아바'는 '아래로'라는 말이고 '로키테'는 관조한다는 말이다. '(이)스바라'는 스스로 존재한다는 뜻이라고 한다. '아바로키테스바라'를 서역 쿠차 출신의 구마라습이 중국에서 5세기 초에 '관세음보살'로 번역했다. 7세기 전반부에 활동한 당나라 사람 현장은 '관자재보살'로 번역했다. 구마라습의 번역은 세상을 살펴보고 귀를 기울여 듣는 보살이라는 의미에 방점을 두었다면, 현장은 '이쉬바라'에 방점을 두었다. '이쉬바라'는 '스스로 존재하는(自在) 신(神)'이라는 뜻이다. 이렇게 하면 '아바로키테스바라'라는 이름은 '스스로 존재하며 아래를 굽어 살피는 신'이라는 의미가 된다. 이런 신(神)의 존재를 주장하는 종교는 세상에 딱 하나 뿐이다. 기독교이다.

'아바로키테스바라'는, 일단 힌두교 혹은 그 문화권에서 받아들인 것을 불교가 받아들인 것이다. 방법은 늘 그렇듯이 간단하다. 천신(天神)이 석가모니의 설법을 듣고 불교로 개종했다는 식의 한 줄이면 된다. 힌두교에서 특별히 스카웃해서 석가모니보다 높이고 애지중지하게 된 것은 '아바로키테바라'의 본성이 '자재' 즉, 스스로 존재한다는 것 때문이다. 불교와 힌두교는 우주에 존재하는 모든 것은 원인이 있고, 인과관계로 얽혀있다고 전제한다. 그래서 석가모니의 가르침도 '인연생기'(因緣生起)라는 말로 시작한다. 존재하는 모든 것은 직접적인 원인(因)과 간접적인 원인(緣)으로 인한 인과관계를 피할 수 없다. 이 때문에 인간만이 아니라 우주 자체도 윤회 즉, '성주괴공'을 반복한다. 어떤 신(神)도 존재를 가지고 있는 한, 자기 자신을 위해서조차도 이 법칙을 깰 수 없다. 그러므로 불교에서 '자재'(自在)를 인정한다는 것, 인연과 윤회와는 전혀 상관없이 존재한다는 것은, 정말 놀랍도록 예외적인 것이다. 그리고 이런 신의 능력을 빌린다면 얼마나 좋겠는가!

처음부터 원인이 없이, 인연에 매이지도 않고 스스로 존재하는 신(神)을 인정하기란 불교에서는 불가능에 가까운 일이지만 일단 받아들이면, 언제든 원인과는 전혀 상관없이 무엇이든 해줄 수 있는, 소원을 성취해줄 수 있는 전능자가 있다는 개념을 받아들이기는 너무나 쉽다. 더군다나 이런 신에게 굴복하고 처분을 기다리는 것이 아니라 소원을 빌면서 '주문'을 건다면 얼마나 편리하겠는가? 이것이 불교에서 관세음보살 즉, 관자재보살을 극진히 애용하는 심리이다.

불교에서는 관자재보살은 열 가지 부문에서 '자유자재'하다고 한다. 목숨과 상관없이 여러 세상을 자유자재로 오고간다. 마음의 상태와는 상관없이 마음을 자유자재로 다스린다. 업보에도, 재물에도, 출생에도, 지혜와 총명에도, 소원성취에도, 신통력에도, 이해력에도, 보이지 않는 세계에 대한 통찰력에도 얽매이지 않고 자유자재하다. 그래서 '아바로키테스바라'에게 열심히 주문을 걸어 목숨, 마음, 선한 업, 재물, 소원, 지식, 지혜 등을 마음대로 부리겠다는 것이다.

14

불상(佛像):
불교의 끝이며 시작

—

    불교의 유적지마다 불상이 있다. 우리는 불상이 없는 사찰은 거의 상상도 못한다. 심지어 석가모니가 죽은 곳인 '쿠시나가라' 사라수나무 숲에, 석가모니가 입적한 모습을 그대로 재현한 불상이 '열반장'이라는 건물 안에 있다. 머리를 북쪽으로 두고 얼굴은 서쪽을 향해, 두 발을 붙인 채 오른쪽으로 모로 누워 잠든 듯 열반에 든 모습인데, 6.1m 길이의 불상은 근처 강에서 발굴된 것으로 A.D. 5세기에 만들어진 것으로 추정된다. 쿠시나가라 유적지를 발견한 것은 19세기 후반인데, 이곳이 석가모니가 열반한 곳이라고 확신하고 미얀마 승려들이 '열반장'이라는 법당을 지은 까닭은 B.C. 3세기에 아소카 왕이 석가모니가 입멸한 곳에 탑을 세웠다는 전설이 있기 때문이다. 실제로, 쿠시나가라 사라수나무 숲에 높이 15미터의 탑이 있다. B.C. 3세기에 아소카 왕은 불상이 아니라 탑을 만들었다는 것에 주목해야 한다. 열반장에 안치된 불상은 A.D. 5세기의 것이니, 8백 년의 시차가 존재한다.

불상(佛像) 시대의 시작

불상(佛像, Buddharupa)은 A.D. 2세기 무렵에 등장한다. 꽤 늦었다. 불상이 이토록 늦게 나타난 것은 석가모니와 상좌부불교가 강력하게 반대하였기 때문이다. 신앙과 결부된 모사(模寫) 혹은 형상화(形象化)는 그 대상을 신격화하여 숭배한다는 의미이다. 반대로 그 대상이 본래적 신(神)이라면 형상화는 신적 존재의 저열화(低劣化)를 의미한다. 즉, 종교의 타락이다. 형상화하는 것과 상징(象徵)으로 나타내는 것은 전혀 다른 것이다. '연꽃'으로 부처를 가리키는 것과 '연꽃'을 숭배하는 것이 전적으로 다른 것처럼, 석가모니는 자신이 손가락으로 가리키는 진리를 사람들이 바라보고 깨닫기를 원했지, 진리를 가리키는 석가모니 자신을 숭앙하며 예배하는 것을 원하지 않았다.

그러므로 불상의 등장은 석가모니를 이상적인 존재요 초월적인 능력자로 숭앙하는 잘못된 분위기가 형성되었다는 뜻이다. 석가모니와 유명한 불제자들의 유골, 유품, 사리를 숭배하는 움직임도 나타났다. 초월적 능력을 가진 존재를 모사한 그림 혹은 형상, 유물은 그 존재 본래의 특별한 능력을 간직하고 있다는 믿음은 저열한 신앙, 형상숭배의 특징이다. 즉, 불상이 나타났다는 것은 석가모니와 초기의 근본불교는 끝났다는 뜻이다. 불교는 종교화의 길로 들어섰고, 결국 인도종교인 힌두교로 되돌아가기 시작했다는 뜻이다. 역사적 석가모니와는 다른 신격화된, 가상(假想)의 석가모니가 출현한 셈이다.

가장 초기의 불상은 인도 북부 '마투라'와 '간다라'에서 나타났다. 마투라의 초기 불상들은 불교와 거의 동시에 발생한 자이나교의 조상(彫像)들과 거의 구별되지 않는다. 반면에 간다라 불상은, 간다라를 지배한 그리스인들의 헬레니즘 즉, 그리스-로마 신화와 그 문명의 영향을 강력하게 반영했다. 지금은 그리스-로마 신화라고 부르지만 명백히 그리스-로마 종교였다. 로마 황제는 단순한 통치자가 아니라 '폰티팩스 막시무스'(Pontifex Maximus) 즉, '최고 제사장'이었다. 후한(後漢)의 역사서에 대진국왕(大秦國王) 안돈(安敦)이라고 기록된 A.D. 2세기의 철인(哲人) 황제 마르쿠스 아울렐리우스는 태양신을 섬기는 제사를 집전했다. A.D. 375년에 와서야 로마 황제는 '폰티팩스 막시무스'의 지위를 포기했다. 로마인들은 B.C. 6세기부터 형상을 만들어 숭배했다. 기독교를 국교로 받아들인 이후인 A.D. 4세기에 중단할 때까지, 로마황제는 형상(形象) 숭배를 주관하는 대사제(大司祭)였다. 즉, 고대 그리스의 신화(神話)는 실제로는 형상을 만들어 숭배하는 종교(宗教)였고, A.D. 4세기 후반의 로마제국까지 종교적 영향력을 발휘했다.

B.C. 4세기에 알렉산더는 마케도니아 군(軍)을 골간으로 하는 헬레니즘 문명의 군대와 상인들을 이끌고 페르시아를 멸망시키고 인도까지 진군하여, 아프리카-아시아-유럽에 걸친 대제국을 건설했다. 알렉산더는 졸지에 죽고 제국은 분할되었더라도, 광대한 무역망은 원활하게 작동했다. 3백년에 걸쳐 헬레니즘 문명 시대가 만들어졌다. 헬레니즘은 융합문명이었다. 종교들도 공존과 혼합을 겪었다. 박트리아와 간다라는 융합과 혼합의 산실이었다. 서역과 서역의 일부로 편입된 '간다라'와 그 접경지인 인도의 카슈미르 지방은 B.C. 3세기부터 그리스에서 건너온 '다신교'의 제의 가운데 조각상(彫刻像)만드는 기법을 받아들여 불상을 제작한 것으로 보인다. 그 강력한 유물이 간다라 미술이며, 그 중심에 간다라 불상들이 있다. 불상제작 기교가 비단길을 타고 퍼졌고 중국쪽으로 전수되면서 석굴사원과 불상들이 만들어졌다.

형상의 등장은 기념해야할 무엇인가를 형상화하여 건물의 안팎을 장식하는 것으로 그치지 않는다. 황금과 각종 보석들로 화려하게 장식했던 그리스-로마의 신들을 모방하여 조상(彫象)들을 만들되 불교의 설화와 이론에 맞춰 구석구석의 모양과 자세, 손가락 모양 등에 대한 정밀한 이론체계를 발전시켰다. 이에 걸

맞는 건축이론과 예배의식도 체계화하게 된다. 걸치고 있던 누더기를 나무 밑에 깔고 앉아 수행을 했던 석가모니와 그 제자들이 극력 피했던 길이었다. 이처럼 불상의 등장은 자아성철과 인식의 방법론이라는 성격을 탈피하고, 신격화와 숭배의 종교로 변천하였다는 것을 단적으로 나타낸다.

미륵불(彌勒佛) :
59억 7천만 년 뒤에 오실 메시아

A.D. 6~7세기 특히, 신라에서 흥성했던 불교는 '미륵불교'였다. 이 당시 미술을 대표하는 것으로 유명한 것이 국보 78호와 83호인 '미륵' 불상이다. 신라 화랑은 전투 중에 죽으면 미륵보살이 있는 도솔천에 갔다가 최종적으로는 불국정토인 '용화세계'로 간다고 믿었다. 미륵은 석가모니로부터 59억 7천만 년 뒤에 부처가 될 것이라는 '수지'를 받고 지금은 도솔천에서 수행을 닦고 있다. 미륵신앙이란 지금은 보살인 미륵을 신앙의 대상으로 삼고 노력하는 자는 죽어서 미륵보살이 수행하는 도솔천에 태어난다는 믿음이다. 이것은 대단한 특권이다. 일단, '육도윤회'라는 윤회의 수레바퀴에서 사실상 벗어난 것이다.

〈화엄경〉에 따르면, 우주는 이 세상을 가리키는 '욕계'(欲界) 이외에도 색계(色界)와 무색계(無色界)라는 삼계(三界)로 되어 있다. 우리가 사는 이 세상을 '욕계'라고 부르는 까닭은 이 세상은 욕망과 욕심으로 이뤄졌기 때문에 붙은 이름이다. 욕계는 지옥도(Naraka) 아귀도(Preta) 축생도(Tiryagyoni) 수라도(Asura) 인간도(Manusya) 천신도(Deva)라는 여섯 길(六道)로 되어 있다. 해탈하지 못한 존재는 업보에 따라 '육도'에 맞는 모습으로 다시 태어나기를 끝없이 반복한다. 이 여섯 길(육도)도 단순하지가 않다. '지옥도'(地獄道)라는 길에 대해서도 팔열팔한지옥(八熱八寒地獄)을 말한다. 뜨거운 성질의 지옥이 여덟이 있고, 차가운 성질의 지옥이 여덟이 있다고 한다. 게다가 그 사이에도 열 가지 정도의 지옥이 있다. 지옥도보다는 낫지만, 언제나 굶주림에 시달리며 형용할 수 없는 고통을 겪는 아귀도(餓鬼道)도 있다.

천신(天神)조차도 불교에서는 별로 대단한 존재가 아니다. 불교에서는 하늘이 28단계(층)로 되어 있다고 본다. 윤회를 반복하는 세상인 욕계의 하늘(天)은 6단계로 되어 있다. 욕계의 하늘에 사는 천신들도 고단한 수행자에 불과하다. 이 욕계를 초월한 그 위의 세계인 색계(色界)는 18단계의 하늘로 구성된다. 색계의 위에 있는 무색계(無色界)는 4단계의 하늘로 구성된다. 엄밀히 말하자면, 수행의 경지를 높여 지상에서 하늘로 올라가도 28단계의 하늘을 모두 벗어나야 한다. 그래야 '부처'의 경지, '열반'의 경지에 도달한다. 삼계를 벗어날 수 있는 깨달음을 얻지 못하면 윤회를 반복할 수밖에 없다.

이처럼 불교는 전생에 지은 업보에 따른 응보를 반드시 감당해야 한다. 도무지 피할 수 없는 것이 우주의 불변의 법칙이다. 그런데 미륵을 믿기만 하면 육도윤회에서 일단 제외되듯이 미륵이 있는 곳으로 간다. 미륵과 함께 있다가 미륵이 하생하여 성불했을 때 미륵의 첫 설법을 들으면 단번에 해탈할 수 있다. 정말이지. 미륵신앙은 대단히 위력적인 믿음에 틀림없다.

말법시대론(末法時代論)과 말법사상(末法思想)

대승불교의 '미륵'과 '용화세계'라는 사상은 '말법시대'라는 불교판 '종말론'을 배경으로 한다. 불교에서는 '우주' 자체도 끊임없이 생성과 소멸을 반복한다. 우주는 거대하기 때문에 생멸의 기간도 장대하기 이를 데 없는 '생성(성)→유지(주)→소멸(괴)→공백(공)'의 네 단계를 반복한다. 각 단계는 20겁(劫)의 시간이 걸린다. 20겁을 1중겁(中劫)이라고도 한다. 우주의 순환주기는 80겁이다. 이 80겁을 1대겁(大劫)이라고 부른다. 우주가 완전히 소멸되어 텅 빈 상태에서 20소겁(1중겁)의 시간이 지난 뒤에 다시, 20겁에 걸쳐 생성되고, 그 뒤에 인류가 출현한다는 점이다.

이때 1소겁의 기간을 일반적인 겁(劫)의 기간인 43억 2천만 년으로 보면 1중겁은 8640억 년이고, 1대겁은 3조 4560억 년이다.

그런데 '구사론'에서 주겁에 관해 설명하면서 증감겁(增減劫)을 언급했다. 주겁이 시작될 때, 사람은 가장 선량한 존재로 시작하기 때문에 수명도 8만 4천 살에서 출발한다. 탐진치에 물들어 과업을 쌓아 수명이 줄어드는데 100년마다 1살씩 줄어 10살까지된다. 사람이 수명이 10살이 되면 다시 100년마다 1살씩 늘어 8만 4천 살로 되돌아간다. 8만 4천 살에서 10살까지 줄어드는 것을 1감(減), 10살에서 8만 4천 살까지 늘어나는 것을 1증(增)이라고한다. 1감과 1증을 20회 반복하는 것이 주겁의 특징인데 이 방식으로 계산해서 1소겁(증감겁)을 3억 2천만 년이라고도 한다. 그러면 1중겁은 64억 년이고, 지구의 종말은 아직 19억 년쯤 남았다.

여기에서 중요한 것은 숫자가 아니다. 이런 사상이라면 '종말'을 걱정할 필요가 없다. 세상이 악해지는 것은 힘든 것이 문제이지 두려워할 문제가 아니다. 세상과는 상관없이 나는 선업을 쌓는데 전념하여 해탈에 다가가고, 결국 윤회에서 벗어나면 그 뿐이다. 세상이 악할수록 세상과 담을 쌓으면 그만이다. 어차피우주 전체가 생멸을 반복한다. 해탈하고 열반에 들어가 존재가'멸'(滅)하는 것 이외에는 영구불변으로 고정된 것은 '진리' 그 자체 이외에는 없다. '멸망'이라는 것도 존재의 한 현상일 뿐이다. 게다가 존재하는 모든 세계에 '불법'(佛法)이 존재하도록 하는 것이 불교의 이상이며 중심 원리이다.

그런데 중국 수·당시대에 불교가 꽃을 피우는 듯하더니 박해와 쇠퇴를 겪기 시작했다. 그러자 말법사상이라는 것이 등장했다. 석가모니가 죽은 뒤에 '정법(正法)·상법(像法)·말법(末法)시대가 오고 그 뒤에 불법을 들을 수도 깨달음에 도달할 수도 없는 법멸(法滅)시대가 온다'는 사상이 유행했다. 해탈할 기회가 박탈되는 시대가 온다는 뜻이다. 사실이라면 심각한 문제다. 부처의 가르침과 실천과 그 결과가 그대로 나타나는 시대는 정법시대인데 이 좋은 시대는 석가모니의 죽음으로 이미 오래 전에 끝났다. 그 다음이 상법시대이다. 정법시대와 유사하지만 결과를 얻기가 상대적으로 어려워진 시대이다. 해탈이 쉽지 않지만 해탈할 수는 있다. 그 다음에 말법시대가 온다. 이때는 부처의 가르침은 남아 있지만 수행하는 자도 없고 깨닫는 자도 없다는 시대라고 한다. 묘한 설명이다. 깨닫는 자가 없는 시대에 부처의 가르침이 어떻게 남아 있는지도 궁금하지만, 어쨌든 사람들이 수행을 안 하는 시대라고 한다. 그렇다면 말법시대가 끝나면 어떻게 될까?

말법시대가 가면 부처의 가르침조차 사라진, 무법천지가 된다. 아예 해탈이 불가능하다. 묘한 종말론이다. 종말을 말하지 않지만 말세(末世)라는 개념과 구원(救援)을 갈구하는 종말론적 긴박감을 조성하려는 논리구조이다. 엄밀하게 말하자면, 석가모니의 가르침이 없어도, 팔정도를 닦아 깨달음을 얻으면 된다. 하지만 부처의 설법을 듣는 것과 아니 듣는 것은 천양지차가 아니겠는가 그러니 지금 불법에 절실하게 매달리지 않으면 안 된다고 강력하게 암시한다. 결국, 지금은 말법시대이니 막차를 놓치지 말라고 압박하는 것이다. A.D. 6~7세기에, 불교의 정상적인 논리구조를 비틀어서라도 불교에 대한 관심을 끌어올리고 싶다는 의도가 엿보인다.

불교의 가장 큰 문제점은 출가와 수행이 길고 어렵다는 점과, 굳이 불교가 아니어도 된다는 점에 있었다. 그래서 대중부와 대승불교는 출가주의를 포기했다. 출가하지 않아도 석가모니의 설법을 추종하면 즉, 불설을 따르면 된다고, 해탈할 수 있다고 바꿨다. 그래서 '재가신자'라는 개념이 부각되었다. 하지만 출가수행자도 어려운 해탈을 재가신자가 어떻게 '수행정진'해서 해탈할 수 있느냐는 문제에 직면하지 않을 수 없다. 당연히, 대승불교는 '재가신자'에게, 소승불교의 출가수행자보다 더 좋은 방법을 제공한다고 하면서 '보살승'을 내놓았다. 보살승의 구체적인 내용으로 내놓은 것이 '육바라밀'이다. 여섯 바라밀 가운데 가장 쉬운 것이 '보시바라밀'(布施波羅蜜)이다. 재가신자가 어려운 것을 어떻게 하겠는가? 가장 쉬운 보시바라밀 가운데서도 가장 쉽고도 의미있는 '재시'(財施)를 택하는 것은 인지상정이다. 더군다나 '사대부중'을 운운하면서 재물로 종단과 사찰을 섬겨 부족함이 없도록 하는 것이 재가신자의 가장 중요한 의무라고 가르친다면 재가신자가 해탈하는데 이보다 더 쉽고도 좋을 수는 없을 것이다. 그런데 불교가 쇠퇴의 징후를 보이고 존립의 위기를 느끼자 보살승 이외의 다른 방법이 필요하게 되었다.

　말법사상이라는 것도 정상적으로는 불교에서 나올 수 없는 것이지만 일단 말법사상이 유행하자 말법시대에 적합한 방법론을 찾았다. 그래서 자신의 수행과 깨달음이 아니라 부처나 보살의 법력에 의지하는 타력구원이라는 개념이 불교 안에 들어왔다. 말하자면, 메시아처럼 강림해서 자신의 공덕으로 죄인들을 용서하고 구원한다는 개념의 '부처'를 등장시킨 것이다. 이에 부합하는 교설과 종파가 출현했다. 미륵보살이 이에 해당하는 부처이고, 정토종이 생겨났다. 당연히 불경도 필요하다. 이 목적에 부합하는 불경이 〈능엄경〉인데 8세기 초에 중국에 소개된다. 중국에서도 처음 소개될 때부터 논란이 많았다. 내용으로 보면 중국에서, 〈화엄경〉을 토대로 〈반야경〉을 참조해서 만들어진 불경으로 여겨진다. 〈능엄경〉의 목적은 수당시대의 불교 침체와 그로 인한 불교 종파들 간의 혼란과 이설을 종합하고 정리하여 체계를 잡으려는 것이다.

미륵(彌勒)

'미륵'은 현재는 '도솔천'이라는 하늘에서 살며(상생, 上生)설법을 하는 보살이다. 56억 7천만년 뒤에, 환생(하생, 下生)한 뒤에 부처가 될 것이다. 부처가 된 뒤에는 석가모니 붓다가 구제하지 못한 나머지 중생들을 구제하기로 되어 있다. 그러므로 아직은 부처가 되지 않은 상태이고, 대단히 높은 차원에서 수행정진 중이기 때문에 '보살'이다. 그렇기 때문에 미륵을 향한 신앙은, 현재의 '상생신앙'(上生信仰)과 장래를 향한 '하생신앙'(下生信仰)으로 구분된다. 상생신앙은, 신자가 지금 미륵보살이 있는 도솔천에 태어나기를 갈구하는 신앙이다. 일단 육도윤회에서 벗어나는 것이기 때문이다. '하생신앙'은 미륵이 56억 7천만 년 뒤에 환생하여 부처가 된 뒤에 세 차례 설법을 통해, 석가모니가 구제하지 못한 272억 명을 구제하여 '용화세계'를 만들 것인 데, 이때 미륵 부처의 설법을 들을 기회를 갖게 된다. 그 방편은 지금 열 가지 선한 업을 닦는 것이다. 이 구조 자체는 '불교'의 일반적인 틀이다. 얼핏 보면, 이상할 것이 없다.

'미륵'(彌勒)은 산스크리트어 '마이트레야'(Maitreya)의 발음을 한자로 옮긴 것이다. 이 이름은 불교의 원시경전인 빠알리 삼장의 소부 15경 가운데 하나인 〈수타니파타〉에 '메테이야'(Metteyya)로 언급되어 있다고 한다. 이것을 근거로, '메테이야'는 석가모니의 16대 제자이고, 56억 7천만 년 뒤에 하생하여 부처가 될 것이라고 수지(樹脂)했다는 설화를 합리화시킨다. 이 설명으로 따라가면 흔한, 불교설화 가운데 하나이며 상당히 다양한 보살 가운데 하나가 미륵이라는 생각에 자연스럽게 빠져들기 십상이다.

'메테이야' 즉 미륵은 실존인물인가? 실존인물 미륵은 부파불교 가운데 유가행파의 창시자이다. 4세기 말에 활동한 대학자들인 무착(無著, Asa·nga)과, 무착의 동생인 세친(世親, Vasubandhu)을 가르친 스승이다. 그렇다면 유가행파의 창시자인 미륵(마이트레야)이 지금 도솔천에 올라간 보살이 되었고 앞으로 59억 7천만 년 뒤에 재림하여 '성불'한 뒤 '용화세계'를 만들 그 미륵인가? 아니라는 것이 정설이다. 자기 힘으로 해탈하라고 가르친 석가모니와 그 직계제자가 기독교처럼, '메시아'가 나타나 구원해주기를 기다리라는 종교사상을 가졌을 리가 없다.

석가모니와는 다른 존재에 '보살'이라는 호칭을 붙인 것을 보면, 대승불교 전통에서 만들어진 '설화'로 보인다. 미륵신앙의 근거로 삼는 경전은 모두 6권인데 인도가 아니라 서역에서 만들어진 것으로 여겨진다. 구마라습이 5세기 초에 번역한 〈미륵하생성불경〉〈미륵래시경〉〈미륵하생경〉 세 권과, 당나라 때 '의정'이 번역한 〈미륵대성불경〉〈미륵상생경〉〈미륵하생성불경〉 세 권이다. 미륵신앙을 추종해서 '미륵삼부경'이라고 말할 때는 구마라습의

〈미륵하생성불경〉과 〈미륵하생경〉 그리고 〈미륵상생경〉을 가리킨다.

〈하생경〉과 〈성불경〉은 A.D. 3세기에 성립되고, 〈상생경〉은 〈하생경〉을 참조하여 서역의 투르판이나 중국에서 만들어낸 것으로 보기도 한다. 혹은 더 늦게, 〈성불경〉이 3세기 후반에, 〈하생경〉은 4세기 말에, 〈상생경〉은 더 늦게 만들어진 것으로 보는 불교학자도 있다. 그렇다면 '미륵신앙'의 단초는 빨라야 A.D. 1세기에서 2세기에 출현했다고 보는 것이 합리적이다.

아미타불(阿彌陀佛) :
열반은 덤이다

—

　중국과 한국에서 석가모니 이상으로 유명한 부처가 미륵불과 아미타불이다. 한국에 불교가 전래되면서 가장 먼저, 가장 깊게 민중의 삶과 정서에 뿌리를 내린 것이 '미륵'이었다. 그래서 각종 설화와 토속신앙에 미륵의 화신이 등장한다. 어떤 화랑이 미륵이라고도 하고, 선덕여왕이 미륵이라고도 하고, 후백제의 견훤은 미륵을 자처했다. 장승조차도 미륵이라고 할만큼 폭넓게 미륵신앙이 퍼졌지만 '하생'을 기다려야할 59억 7천만 년은 너무 길었다. 그래서 미륵불을 대신하여 인기를 구가한 것이 '아미타불'이었다. 그래서 불교신자가 아니더라도 '나무아미타불'(南無阿彌陀佛)은 안다. 하지만 이토록 유명한 아미타불과 미륵보살을 남방불교에서는 전혀 모른다. 당연하게도, '나무아미타불' 하면 못 알아듣고 차라리 '옴 마니 반메 훔'하면 통한다고 한다.

'아미타'라는 이름은 산스크리트어 '아미타유스'(Amitayus) 혹은 '아미타브하'(Amitabha)를 한자로 음사한 것이라고 한다. 산스크리트 단어에서 왔다고 하면 대개는, 석가모니 혹은 그와 비슷한 시대로부터 유래한 것으로 착각하기 쉽다. 그렇지 않다. 산스크리트어는 '베다 산스크리트'와 '고전 산스크리트'로 나뉜다. 분수령은 B.C. 4세기 무렵이다. 이때 산스크리트어 문법을 완성해서, 고전 산스크리트어 시대가 시작되어 현대에 이른다. 지금도 산스크리트어는 인도의 22개 공식언어 가운데 하나이다. 그러므로 산스크리트 단어를 번역한 것이라는 자체가 고대성을 보장해주지 않는다. 근본불교에서 왔다고 보장해주지도 않는다.

'아미타'가 석가모니의 다른 이름에 불과하다고 생각하고픈 불교신자들도 있다. 그렇다면 마가다 방언이나 빠알리 방언에 '아미타'에 해당하는 단어가 있어야 하고, 남방불교에서도 당연히 '아미타불'에 부합하는 부처를 믿고 있어야 한다. 그런데 남방불교에서는 '아미타불'을 믿지 않는다. 아니, 모른다. '아미타불'을 믿는 것이 곧 '석가모니'를 믿는다는 사고방식은 정확히 '힌두교'의 방식이다. 힌두교는 모든 신을 경배하지 않고 그 가운데 하나인 시바를 선택하여 경배하면서, 자신은 시바 신을 경배함으로써 '브라흐마'를 경배하고 '비슈누'도 경배한다는 사고방식이다.

석가모니는 자신을 신앙의 대상으로 삼고 믿으라고 말한 적이 없고 자신이 구원자라고 말했을 리도 없다. '아미타불' 신앙의 근간이 되는 〈무량수경〉, 〈관무량수경〉, 〈아미타경〉은 빠알리 불경이 없고 산스크리트어본 밖에 없다. 이 세 불경이 전하는 설화(說話)에 의하면, 석가모니가 아니라 '법장'이라는 비구가 아미타 부처가 된다. 석가모니와는 분명히 다른 존재이다. 그렇다면 '나무아미타불'이라는 염불을 읊는 불교는 석가모니의 불교가 아니다. 아미타불 종교가 되는 셈이다.

'아미타'라는 이름의 뜻은 '무량수'(無量壽)라는 한역에 그대로 반영되었다. '영원자(永遠者)'라는 뜻이다. 내용적으로는, '영원한 구세주'라는 뜻이 된다. 그러므로 '나무아미타불'은 '영원하신 구세주에게 귀의합니다'라고 염불하는 것이다. 이것은 상좌부불교 전통과는 도무지 맞지 않는 사상이다. 석가모니가 '자귀의 · 법귀의', '자등명 · 법등명'이라는 유훈과 지표를 가르쳤다는 점을 기억해야 한다. 석가모니와 초기불교 사상에서는 자기 자신과 자신의 노력 이외의 어떤 것에 의존해서 구원받는다는 관념이 끼어들 틈이 전혀 없다. 따라서 원칙적으로 보면, 〈무량수경〉, 〈관무량수경〉, 〈아미타경〉 이 세 불경과 '아미타불'과, 극락왕생을 믿는 정토신앙은 석가모니의 가르침과는 전혀 상관이 없는 신흥종교사상이라고 해야 옳다.

구제불과 타력구원의 확립

'아미타불'의 등장 혹은, 석가모니를 아미타불로 이해한다고 하더라도 이것은 불교의 성격이 혁명적으로, 근본적으로 바뀌었다는 의미이다. '나무아미타불'로 시작하고 끝나는 염불의 등장은 근본불교에는 이질적인 개념들 즉, '구원,' '초월적 구원자,' '초월적 인격체에 대한 믿음,' '타력구원' 등을 수용했다는 의미이다. 그리고 이것은 석가모니 및 근본불교와는 철저히 다른 종교가 불교라는 이름의 우산을 쓰고 나타났다는 뜻이기도 하다.

《위키백과》(http://ko.wikipedia.org)에서 '아미타불'로 검색해보면, 법장 비구가 5겁의 수행을 한 뒤에 부처가 되기 위해 세운 48개의 서원(誓願)의 목록을 확인할 수 있다. 이 가운데 가장 먼저, 확인해야 할 것은 18번째 원이다.

18. 어떤 중생이든지……내 이름을 열 번만 불러도 반드시 왕생하게 될 것.

아미타불'의 이름을 열 번만 부르면 아미타불의 불국토에서 태어나겠다고 서원한 18번째 원은 지극히 중요한 부분이다. 아미타불의 불국토인 '서방정토'는 열반은 아니지만 윤회에서 벗어난 곳이다. 이곳에 태어나는 자는 반드시, 원할 때는 언제나 열반에 들게 되는 특권을 누린다. 이 불국토에 태어날 조건은 아미타불의 이름을 열 번 부르는 것이다. 신통방통한 주문을 외우는 것도 아니다. 구원의 권능을 가진 신이 자신을 믿고 자신의 이름을 부르는 이에게 응답하겠다는 약속에 다름 아니다. 타력구원의 완성이다. 이런 신학을 가진 종교는 기독교 밖에 없다.

아미타불 신앙에서 주목해야할 요소는 또 있다. 아미타불의 불국토에는 들어가는 것이 아니라 '태어난다'고 일일이 표현한 점이다. 윤회전생을 믿는 불교에서, 어느 불국토에 태어난다는 것은 '환생'이라고 생각한다면 조금도 이상할 것이 없다. 하지만 불교에서 '다시 태어난다'는 것은 고집멸도의 번뇌를 겪는 생물체로 환생하는 것이지 윤회의 질고를 전혀 겪지 않는 본성을 가지고 다시 태어난다는 개념은 없었다. 그런데 아미타불의 극락정토에 태어날 때는, 번뇌의 뿌리인 아집이 전혀 없고 악을 전혀 모르는 선한 본성과 훌륭한 육신을 갖고 태어난다. 이것은 불교에서 나올 수 없는, '새롭고 완벽하게 재창조된 피조물'이라는 개념이다. 석가모니 혹은 초기 불교는 이런 식의 재창조를 말한 적이 없다.

불국토에서 태어나는 이들은 '목숨이 한(限)이 없을 것'이라고 한다. '아미타불'의 본성인 '영원한 생명'을 누리는 사람으로 태어난다. 본래 불교의 최종목표인 '열반'은 '적멸'(寂滅)의 상태이고 아미타불의 불국토인 극락정토는 논리적으로는, 열반의 직전 단계이다. 불국토가 아무리 좋아도 열반보다 좋을 수는 없다. 하지만 아미타불의 극락정토에서는 한없이(無限) 살아도 된다. 굳이 열반에 들어갈 필요성이 없이 희열과 즐거움이 가득한 곳을 만들겠다고 한다. 열반은 가고 싶을 때 가면 된다. 아미타불 신앙에서 열반은 덤이다.

아미타불, 지극히 복된 이름

법장이 아미타불의 48원 가운데는, 놀랍게도 '아미타불'의 이름을 듣기만 해도 놀라운 위력을 경험하게 만들 것이라고 약속한다. 아래에 열거해봤다.

34. 보살의 무생법인과 깊은 지혜를 얻게 될 것.

35. 만약 여인의 몸을 싫어하면 죽은 후에는 다시는 여인의 몸으로 받지 않을 것.

36. 항상 청정한 행을 닦아 반드시 성불하게 될 것.

37. 내 이름을 듣고 공양하고 귀의하여 즐거운 마음으로 보살행을 닦으면 모든 천인과 인간의 공경을 받게 될 것.

41. 성불할 때까지 육근이 원만하여 불구자가 되지 않을 것.

42. 모두 깨끗한 해탈삼매를 얻게 되고, 이 삼매를 얻은 이는 잠깐 사이에 한량없는 부처님께 공양하면서도 삼매를 잃지 않을 것.

43. 죽은 뒤에 부귀한 가정에 태어날 것.

44. 즐거운 마음으로 보살행을 닦아 선근 공덕을 갖추게 될 것.

45. 한량없는 부처님을 한꺼번에 뵈올 수 있는 평등한 삼매를 얻어 성불할 때까지 항상 수없는 부처님을 만나게 될 것.

47. 곧 물러나지 않는 자리에 들어갈 것 .

48. 첫째로 설법을 듣고 깨달을 것, 둘째로 진리에 수순하여 깨달을 것, 셋째로 나지도 않고 죽지도 않는 도리를 깨달아 부처님의 가르침에서 물러나지 않을 것.

여기에 열거한 11개의 원(願)은 전능한 능력자가 자신의 이름에 위력을 걸어놓고 철저하게 약속한 경우를 전제한다. 전능자가 아니고서는 이런 능력을 일으키지 못한다. 석가모니는 '여래삼불능'을 말했다. 석가모니는 자기만 못한다고 말하지 않았다. 모든 부처를 의미할 수 있는 방식으로 '여래'라고 말했다. 어떤 부처도 해주지 못한다는 뜻으로 보아야 한다. '여래삼불능'이란 부처는 전지전능자가 아니니 인연생기의 법칙과 인과응보를 깨지 못하고, 없는 인연을 만들어주지 못하고, 모든 사람을 구제하지 못한다고 한 것이다. 따라서 각자 자기 자신을 책임지고 해탈을 성취하지 않으면 안 된다. 그런데 아미타불은 아니, '법장'이라는 수행자는 석가모니의 가르침과 능력을 무색하게 만든다. 법장은 48원을 세워 스스로 전능자가 되었다.

여기에서 불교는 한낱 '사람'이 어떻게 전능한 구원자가 될 수 있는지, 한낱 '서원' 즉, '소원과 결단'이 어떻게 윤회의 법칙을 초월하게 만들고 심지어 다른 사람들을 구제할 수 있는 능력을 갖게 만드는지를 설명해야 한다. 그리고 아미타불을 믿는 신자가 되라고 하기보다는 아미타불이 되라고 가르쳐야 한다. 법장과 동일하게 48원을 세운다면, 아미타불과 동일한 능력을 갖는 부처들이 되지 않겠는가? 법장이 아미타불이 되었는데, 다른 이들은 안 될 이유는 없지 않은가?

아미타불과 극락정토에 관한 불경의 가르침은 석가모니와 근본불교의 핵심 가르침과 모순을 일으킨다. 불교는 진리는 탐·진·치에 물든 인생의 안목으로는 제대로 볼 수 없어서 모순처럼 느껴지는 것일 뿐이라고 둘러댄다. 하지만 애매모호한 것과 신비로운 것은 다르다. 틀린 것과 맞는 것은 다르다. 애매한 것을 신비로운 것이라고 해서도 안 되고, 틀린 것을 맞다고 해서도 안 된다. '종교'란 최상의 진리, 불멸의 진리를 가르친다는 뜻이다.

17

자비의 종교 :
자씨(慈氏)의 불교

　미륵을 한자로 의역할 때 '자씨'(慈氏)라고도 한다. 그러나 자비의 화신(化身)이라면, 그리고 자비를 종교의 원리로 격상시킨다는 점에서 생각해본다면, 본래의 자씨인 미륵불만이 아니라 아미타불까지 포함해도 크게 틀리지 않을 것이다. 불교의 정신은 '자비'에 있다고 한다. 사실상, 이 점을 의심하는 사람은 없다. 자비의 정신과 이타의 정신은 석가모니와 불교윤리의 기본이라고 간주된다. 고타마 싯다르타의 출가, 해탈한 뒤에 초전법륜을 시작으로 45년 동안 고행하면서 설법한 것도 자비심의 발로라고 해석한다. 상좌부불교에서도 이타(利他)와 자비(慈悲)를 강조했다. 자(慈)·비(悲)·희(喜)·사(捨), 이 네 가지 마음을 한없이 품어야 한다는 사무량심(四無量心)과, 네 가지 덕행으로 중생을 품고 보호하라는 '사섭법'(四攝法)을 가르쳤다. 사무량심과 사섭법의 중

심에는 '자비의 마음'이 있다. 그러므로 불교인이 된다는 것은 '자비'의 마음을 품고 실천하는 사람이 된다는 것과 동의어인 셈이다.

대승불교는 상좌부불교를 '작은 수레'라는 뜻의 '소승'(小乘)이라고 비하했는데 자비에 관해서도 '자비제일'이라는 말을 사용해서 소승보다 두드러지게 한다. 그러면 대승불교는 상좌부불교보다 단지 더욱 강조할 뿐인가? 자비의 폭과 깊이가 다르고, 자비를 강조하는 정도에서 차이가 날 뿐인가? 상좌부불교와, 대승불교 각각에게 '자비가 구원의 원인이 될 수 있느냐 없느냐'라고 질문해보자.

석가모니는, 번뇌를 끊고 팔정도를 닦아 깨달음에 도달하라고 가르쳤다. 그것이 해탈의 유일한 길이었다. 고타마 싯다르타가 '최고 수준의 올바르고 완벽한 깨달음'(無上正等正覺) 즉, 아뇩다라삼먁삼보리를 깨우쳐 '석가모니'가 되었을 때, 자비심을 한없이 품는 것이 '원인'이 되었던가? '동기'와 '원인'을 헷갈려서는 안 된다. 석가모니는 '팔정도'만 가르쳤다. '자비심'이 깨달음에 도움이 되었다면, 팔정도와 더불어 '자비심을 닦으라'고 명확하게 언급했을 것이다. 석가모니는 '수식관'을 지도했다. 팔정도를 닦는데 매우 중요했기 때문이다. 석가모니는 수식관이라는 호흡법과 더불어 '자비행'을 가르쳤고, '지고무상'의 깨달음을 얻어 해탈하는 데에는 '팔정도'와 '호흡법'을 가르쳤다.

그런데 대승불교에서는 공(空)이 곧 자비(慈悲)이며 자비가 상
대적 '보리심'(깨달음의 마음)이라든가, 자비는 해탈에 이르게 하
거나 쉽게 해주는 길이라든가, 자비를 명상하지 않으면 해탈하지
못한다고 가르친다. 분명히, 석가모니 혹은 상좌부불교의 경우
보다 '자비'의 가치를 격상시킨 것이다. 자비는 불교인의 윤리덕
목 가운데 하나가 아니라 주요 원리로 높인 것이다. 타인을 위해
자신의 모든 것만이 아니라 자기 자신조차도 기꺼이 희생시키는
'자비심'은, 미륵 부처를 탄생시켰고 법장 비구를 아미타불로 만
들어주었다는 '불교설화'를 만들어낼 정도로 '위력'을 갖추게 되
었다. '자비'라는 윤리덕목의 실천은 인간사회에 몹시 긴요한 것
이며 당연히 강조해야 한다. 하지만 당연하다고 강조하는 것과,
구원의 원리 즉, 성불의 원리라고 가르치는 것은 전혀 다른 차원
이다.

종교체계, 신앙체계에서 어떤 실천덕목을 이처럼 격상시키는
데에는 경전과 교설(教說)이 반드시 있어야 한다. 불교에는 〈자비
경〉(慈悲經)이 있다. 대승불교에서 '자비제일'이라고 부르짖고 강
조한다면 〈자비경〉은 그 어떤 불경보다 중요한 경전이다. 따라서
〈금강경〉보다 높여야 하고, 〈화엄경〉이나 〈법화경〉보다 더 중시해
야 한다. 하지만 역사는 그렇게 흘러오지 않았다. 〈수타니파타〉에

들어 있는 〈자비경〉은 석가모니가 직접 가르친 것이라는 설명이
A.D. 5세기에 가서야 어떤 주석에 등장했다. 〈자비경〉의 내용은
'한량없는 자비의 마음을 닦아야 한다. 마치 어머니가 외아들을
목숨을 걸고 지키는 것처럼 세상을 향해 자비심을 품고 마음을 닦
아야 한다'는 식의 내용이며 기원이다. 결코 본질적인 설명은 없
다. 단지 주문처럼 외울 뿐이다. 부처와 구원과 중생에 직결된 원
리를 충분히 제시하지 않는다. 단지 믿으라고 요구할 뿐이다.

　〈자비경〉은 수행자가 중생을 위해 희생적인 자비심을 품고 서
원하여 부처가 되는 까닭, 그 힘의 비결은 무엇인지, 왜 부처가
되는 정상적인 방법 이외에 자비행이라는 다른 길이 있는지, 해
탈과 자비의 상관관계는 무엇인지, 아미타불의 이름을 열 번 부
르면 자비를 베풀어 구제해주는 까닭이 무엇인지에 관한 설명
과 이해의 단초를 제공해주지 않는다. 정상적인 차원에서, 경서
(經書)와 논장(論藏)으로서는 부족하다. 〈자비경〉을 언급한 가장
오래된 기록은 A.D. 5세기이다. 결론적으로, 석가모니와 근본불
교의 전통이 5세기부터는 '자비의 종교' 즉, '자씨의 종교'로 바뀐
것이다.

18

한역(漢譯) 불경 :
원음(原音)의 무덤

—

불교에서 '원음'(原音)은 석가모니의 목소리를 가리킨다. 상식적으로, 석가모니의 목소리(原音)를 담은 설법(親說)은 모든 불경에 담겨있어야 한다. 그리고 불교사상의 핵심을 이뤄야 한다. '닭 유'(酉)라는 한자를 보자. 이 글자를 '닭'이라는 뜻으로 사용하는 경우는 '12간지'에서 사용할 때뿐이다. 본래 이 글자는 '술 빚는 그릇'의 모양을 보고 만든 상형문자이고, 항상 '술을 빚거나 담는 그릇'이라는 뜻으로 썼다. 술을 빚은 뒤에 물(水)을 부으면 '술'이라는 뜻의 '주'(酒)가 된다. 물을 부어도 정도가 있다. 물을 알맞게 부어 술의 도수를 일정하게 맞춰야 한다. 술의 원액에 물을 정도 이상으로, 막대하게 부으면 뭐가 될까? 도로 물이 된다. 아무도 술이라고 인정해주지 않게 된다. 지나치게 묽게 만들어 마시면서 좋은 술을 마셨다고 즐거워할 애주가가 있을까? 한역 불경은 이런 식이 아닐까 한다.

한국과 중국의 불교는 〈아함경〉을 소승불경이라고 하면서 천대했다. 소승불교 시대 이후에 만들어진 대승불교의 불경들 일테면 〈반야경〉〈화엄경〉〈법화경〉을 특히 선호했다. 이런 편애는 기본적으로 잘못된 것이다. 후기 불경이 아무리 탁월해도 불교가 석가모니의 가르침을 추종하는 종교라면 당연하게도, 석가모니와 가까운 시대에 만들어지고 사용된 '경전'과 논장들은 비할 수 없이 소중한 가치를 갖는다. 〈아함경〉은 산스크리트어로 된 서역의 불경들을 가져다가 중국에서 번역하여 소장하게 된 것들이다. 〈아함경〉을 산출한 대본이 산스크리트어라면 '빠알리 삼장'에 비해 무척이나 늦게 만들어진 것들이다. 더구나 '빠알리 방언'은 석가모니가 설법한 '마가다 방언'에 훨씬 가깝다. 불교 승려들은 '빠알리 방언'과 '빠알리 삼장'에 정통했어야 한다. 그리고 '빠알리 삼장'과 '아함경'의 격차를 해소했어야 한다.

1. '빠알리 삼장' : 최고(最古)의 경전

B.C. 3세기 아소카 왕 때 '결집한' 즉, '하나로 모아서 묶은' 불경을 세 개의 바구니에 담았다고 해서 '삼장'(三藏, 삐따까)이라고 한다. 아무래도 B.C. 1세기에 '패엽'(패다라)에 싱할리 문자로 기록한 뒤에 붙인 이름 같다. 어쨌든 '삼장' 즉, 세 개의 바구니는

석가모니의 설법을 모은 경장(經藏, Sutta pitaka), 승단의 계율을 상좌부 전통에서 정리한 율장(律藏, Vinaya Pitaka), 불법에 대한 각 부파의 연구해석을 집대성한 논장(論藏, Abhidhamma Pitaka)이다.

이 가운데 '경장' 부분이 부처의 설법을 모은 진정한 의미에서 불경이다. 하지만 '경장'(숫따 삐따까)이라고 해서 단순한 불경 책자가 아니다. 66권으로 구성된 성경과는 도무지 비교가 안 되는 경전군(經典群)이다. 그래서 '빠알리 대장경'(大藏經)이라고도 한다. 경장에 속한 불경들은 다음과 같이 다섯 '니까야'(部, nikaya)로 구성된다.

(1) 디까 니까야(長部) : 길이가 긴 경전 총, 34경(經).

(2) 맛지마 니까야(中部) : 중간 길이의 경전, 총 152경(經).

(3) 상윳다 니까야(相應部) : 주제별 모음, 총 2889경(經).

(4) 앙굿따라 니까야(增支部) : 주제별로 모은 짧은, 총 2308~2198경(經).

(5) 굿다까 니까야(小部) : 〈수타니파타〉, 〈본생경〉, 〈담마파다(법구경)〉, 〈미린다왕문경〉, 석가모니가 깨달음을 얻은 후 7 군데를 돌며 49일간 그 깨달음을 회상한 〈우다나(자설경)〉, 장로 비구들의 수행담을 모은 〈테라가타〉를 포함한 15개의 경(經).

여기에 율장과 논장을 포함하면 삼장 전체가 된다. 20세기 중반에, 미얀마에서 제6차 결집을 통해 이 '빠알리 삼장' 전체를

400페이지 분량의 책 38권으로 인쇄했다. 하루에 8시간씩 정독하면 약 15개월이 걸린다고 한다.

2. 아함경 : 장님나라의 외눈박이

한국 불교에서는 대체로, '빠알리 삼장'에 포함된 경전들을, 굳이 빠알리어를 배워가면서 읽도록 권장하지 않았다. '삼장'에 속하는 경들은 〈아함경〉에 다 포함되어 있다고만 생각했다. 그러나 〈아함경〉을 한역할 때 '빠알리 삼장'과 완벽하게 일치하는 산스크리트어본을 완벽하게 참조해서 한역(漢譯)하였을 경우라도 '빠알리 삼장'을 소홀히 한다는 것은 있을 수 없는 일이다. 산스크리트어본도 번역본이다. 절대적으로 완벽한 번역일까? 〈아함경〉은 완벽하게 번역한 한역본일까? 〈아함경〉이 산스크리트어본에 대한 완벽한 한역이라면, '빠알리 삼장'에 대해서도 완벽하다고 할 수 있을까? 그리고 완벽하게 일치할까? 그럴 수 없다는 것을 우리는 상식적으로 안다. 게다가 우리 자신의 세대가 달라지면, 그리고 우리 자신의 이해력이 깊어지고 새로운 의문이 발생하면, 원전을 다시 살펴볼 필요가 있다.

'아함'(阿含)은 '전승된 가르침' 혹은 '전승된 가르침을 모았다'는 의미의 산스크리트어 '아가마'(Agama)의 말소리를 옮긴 것이다. 처음부터 원시 불경들을 체계적으로, 정확하게 한역(漢譯)하겠다는 의도로 〈아함경〉을 만든 것이 아니다. 중국이 불교를 처음 접하게 된 것은 석가모니가 죽은지 6백 년가량 지난 뒤이고, 서역의 여러 토후국들을 통해서다. 게다가 근본불교와 소승불교를 잘못되고, 하찮은 것쯤으로 간주한 대승불교가 기세를 잔뜩 올리기 시작할 때였다. 초기 불경은 석가모니를 '깨달음을 얻은 사람'으로 그려주지만 대승불교에서는 '신격화된 초월자'의 모습으로 석가모니를 그리다보니 대승불교는 초기 불경을 외면해야 했을 것이다. 결과적으로, 불경을 전해준 서역의 승려들이나 불교가 뭔지도 모르고 접하기 시작한 중국인들이나 초기 불경을 소홀히 하게 되었다.

중국은 10세기에 처음으로 한역대장경을 간행했다. 이때 〈아함경〉으로 분류해서 모은 불경들은 〈장아함(長阿含)〉 30경, 〈중아함'(中阿含)〉 222경, 〈잡아함'(雜阿含)〉 1362경, 〈증일아함(增一阿含)〉 473경이다. 빠알리 경전의 다섯 니까야처럼 '경'의 길이에 따라 분류한 느낌이다. 그래서 네 가지 〈아함경〉은 '빠알리 삼장'의 네 니까야와 일치할 것처럼 느껴진다. 하지만 아니다. 단순히 숫자만 비교해보아도 차이가 드러난다. '장아함 30경 : 장부 34경,' '중아함 222경 : 중부 152 경,' '잡아함 1362경 : 상응부 2889경,' '증일아함 473경 : 증지부 2308〜2198경'이다. 중부(맛지마 니까야)의 152경 가운데 130개의 경은 네 개의 〈아함경〉에 흩

어져 있고, 22개는 아예 빠졌다. 서로 대응하는 경전들도 정확하게 일치하지 않는다. 경전 숫자의 차이는 간단히 넘어갈 성질의 문제가 아니다.

한역된 〈아함경〉에 석가모니의 원음과 친설이 없다고 말할 수는 없다. 하지만 스리랑카에 전래되어 기록된 '빠알리 삼장'에 비하면, 북방불교에서 불경은 부파의 입장에 맞춰 개변(改變)과 증대(增大)를 지속적으로 겪었다. 그리고는 중국에 들어와 〈아함경〉이라는 이름으로 뒤죽박죽 섞였고, 그 발상이 초보적이며 대승불교와 입장이 맞지 않는다는 구실로 외면당했다.

3. 반야경(般若經) : 있는 것도 아니고 없는 것도 아닌

〈반야경〉은 중국에서 유행한 첫 불경이라고 할 수 있다. 중국에서 불교를 교종(敎宗)과 선종(禪宗)으로 분류하게 된 것은 중국에서 선종(禪宗)이라는 특유의 불교가 생겨난 때문이다. 선불교는 〈반야경〉에 사상의 근간을 둔다. 중국과 한국의 승려들이 애송하는 260자 〈반야심경〉〈금강경〉은 〈반야경〉에 속하는 작은 경전들이다. 〈반야경〉은 중국의 노장사상과 비슷한 면이 있기에 비슷하게 이해하려고 시도했었다. 5세기 초에 서역 쿠차 출신의 구마라습이 중국에서 20년가량 생활한 뒤에 '슌야다'를 '공'(空)으로 번역하고 강설하면서 탁월한 제자들이 나와 불교의 핵심사상을 '공'으로 파악하고 삼론종을 만들기에 이르렀다.

〈반야경〉의 원명은 '저쪽 이상세계에 이르는 지고무상의 지혜'라는 뜻의 '프라즈냐파라미타'(prajñāpāramitā)에 '실로 묶은 것'이라는 '수트라'(sūtra)를 붙인 것이다. 한역된 명칭은 말소리를 한자로 옮겨 〈반야바라밀다(般若波羅蜜多)〉로 옮기고 '수트라'를 '경'(經)으로 의역한 것이다. 여기에서 말하는 '지혜'는 존재하는 모든 것은 고정된 실체가 있다는 생각을 버리는 것을 말한다. 절대적인 것은 없다. 촛불이 꺼져 없어진 것과 같은 상태로 돌아간다는 철학을 제시한다. 이것은 중국불교와 한국불교의 사상적 기초가 된다.

반야경은 크게 〈대반야경〉〈반야심경(프라즈냐파라미타 흐르다야)〉〈금강경(금강반야바라밀다경)〉 이렇게 세 부류로 나눠진다. 〈대반야경〉은 7세기 중반에 당나라 사람 현장이 번역한 것으로, 600권 분량이며 한자(漢字) 5백만 자가 사용되었다고 한다. 20세기에 일본에서 만들어진 '신수대장경'에 수록된 〈반야경〉 전체의 약 75%쯤 된다고 한다. 현장이 7세기 중반에 번역한 〈대반야경〉의 분량이 600권이라는 것에 주목할 필요가 있다. '빠알리 삼장'을 20세기 중반에 책으로 인쇄했을 때 400페이지 분량으로 약 40권이 나왔다. 단순 수치만으로 정확한 비교는 안 되겠지만, 불경의 최초 공식기록물인 '빠알리 삼장'을 전적으로 수용했다고 가정하더라도 대단히 많은 양이 추가된 것이다. 반야경류가 대략 A.D. 1세기 중반부터 만들어지기 시작했다는데, 그렇다면 현장의 앞 세대까지 약 5백 년에 걸쳐, 초기 불경의 상당부분이 버려지고 고쳐지고 막대한 양이 추가된 것이다.

〈금강경〉은 한국불교 조계종의 근간이 되는 '소의경전'이다. 한자로 5149개의 글자로 '공'이라는 단어를 사용하지 않고 '공' 사상을 탁월하게 정리했다. 〈금강경〉은 아소카 왕 이전부터 사용되었다는 말도 있지만 〈금강경〉의 뜻이 너무 어려워 도솔천에 올라가 미륵보살에게 물어봤다는 전설도 있고, 무착(無着)(Asanga, A.D. 300-390년)이 〈금강경〉을 32개의 장으로 분류하였다는 말도 있으니 3~4세기에 만들어졌을 가능성도 있다.

〈금강경〉의 핵심은 '범소유상 개시허망 약견제상비상 즉견여래'(凡所有相 皆是虛妄 若見諸相非相 卽見如來)라는 사구게(四句偈) 즉, 16글자에 있다. '눈에 보이는 것은 다 허망한 것이다. 이렇게 보는 것이 부처를 보는 것이다'라는 뜻이다. 사람이 눈으로 보는 것은 어떤 것의 '형상'인데 형상은 있는 것도 아니고 없는 것도 아니다. 따라서 부처를 바라볼 때 부처의 형상을 보는 것이고, 이 형상은 있는 것도 아니고 없는 것도 아니다. 이 관점을 불경으로 연장하면, 불경을 본다는 것은 문자라는 형상을 보는 것이니 진리를 보는 것이기도 하고 아니 보는 것이기도 하며, 불경은 있는 것이기도 하고 없는 것이기도 하다는 말도 된다. 이것이 대승불교 사상의 기초가 된 탓에, 막대한 양의 글을 후대에 거리낌 없이 첨가할 수 있었던 것으로 보인다.

4. 화엄경(華嚴經) : 장엄한 영광의 종교

〈반야경〉이 '공'(空)을 중심으로 A.D. 1세기부터 만들어졌다면, 〈화엄경〉은 부처가 되는 깨달음의 원인인 '진리'라는 사상을 중심으로 A.D. 2세기 무렵부터 만들어진 것으로 보인다. 여기에서 '화엄'이란 부처를 화려하고 엄숙하게 장식하는 '완전한 깨달음'이라는 뜻이다. 그 완전한 깨달음에 이르게 하는 원인인 진리에 관심을 집중한다. 따라서 〈화엄경〉은 법은 하나이며 부동의 진리라는 입장이다. 그리고 진리 그 자체인 '비로자나불'을 교주로 삼고, 수행과 인과응보에 관한 설명이 많다. 〈대방광불화엄경(大方廣佛華嚴經)〉이라는 원명은 산스크리트어를 의역한 것이다.

〈화엄경〉의 분량에 관해서는 A.D. 3세기 남인도 사람으로서 '대승불교의 아버지'라고 평가되는 용수(龍樹, Nāgārjuna : A.D. 150?-250?)가 용궁에서 가져왔다는 전설이 회자된다. 이 전설에 따르면 용수가 용궁에 가서 〈화엄경〉의 상본, 중본, 하본을 보았다. 상본은 헤아릴 수 없이 많고, 중본은 49만 8천 8백 개의 게송으로 되어 있었다. 사구게로 간주하면 한자로 약 8백만 글자에 해당한다. 현장이 번역한 〈대반야경〉 600권이 5백만 자인 것과 비교해보라. 용수는 할 수 없이 10만 개의 게송으로 된 하본을 가져왔다. 최소한, 한자 160만 자 분량이다. 표의문자인 한자는 글자 하나가 단어 하나인 셈이니 1611년에 간행된 영어성경 〈흠정역〉 전체에서 사용된 단어는 79만 개가 채 안 되는 것과 비교하면 조금 상상이 될까? '하본'만으로도 단어수가, 흠정역 영어성경 전체의 2배 분량에 해당한다. 그렇다면 중본은 10배다. 놓치지 말아야 할 것은 〈대반야경〉 600권(500만 자) 이외에 〈화엄경〉 160만 자가 추가된 것이다. 이것만 합해도 760만 자 분량이다.

〈화엄경〉 하본 조차도 방대해서 〈40권본〉, 〈60권본〉, 〈80권본〉이 나왔다고 한다. 실제로는, 〈화엄경〉은 처음부터 완성본이 나온 것이 아니라 별도로 만들어지고 발전하다가 빠르면 A.D. 4세기 무렵에 서역에서 완성된 것으로 추정하기도 한다.

5. 법화경(法華經) : 신묘한 종교

원명은 '흰 연꽃과 같은 올바른 가르침'이라는 뜻의 '삿다르마 푼다리카 수트라'이고 한자로 번역할 때 의역해서 〈묘법연화경(妙法蓮華經)〉이라고 했다. 줄여서 부르는 이름이 〈법화경〉이다. 금강경의 글자수가 5149자인데 반해 법화경은 7만 자에 달한다. 이는 대반야에 속하는 〈8천송반야〉의 절반을 약간 넘는 분량이다. 단어수로 환산할 때, 1611년판 흠정역 신약성경의 40%를 조금 넘는 분량이다.

〈법화경〉은 대승불교의 백미라고도 한다. 〈반야경〉이 만들어지기 시작한 이후인 A.D. 2세기부터 인도 서북부에서 만들어지기 시작한 것으로 추정한다. 이것은 서역에서 발흥한 쿠샨 왕조 카니슈카 왕 직후에, '간다라 문화'의 강력한 영향권 하에서 만들어졌다는 뜻이다. 〈법화경〉은 부처를 '전능한 초월자' 즉, 신(神)으로 묘사한다. 힌두교의 신 '바이로차나'를 흡수한 '비로자나불'을 주신(主神)으로 하여, 법신불–화신불–응신불이라는 '삼신불' 사상과, '아바로키테스바라'를 도입한 관세음보살(관자재보살) 신앙을 제시한다.

〈법화경〉은 천태종의 '소의경전'이며, 〈화엄경〉과 함께 한국 불교의 형성에 지대한 영향을 미쳤다. 범어사에는 약 160종의 〈법화경〉이 보존되고 있고, 간행기록이 뚜렷한 것만도 120종이나 된다. 이렇게 이본이 있을 때 차이점을 밝히고 정본을 확정하지 않으면 불설이 서로 엇갈릴 수 있다.

6. 팔만대장경(八萬大藏經)

고려 때에 중국 송나라의 개보대장경(971-983년)을 모본으로 삼아 '고려대장경'을 만들었다. 심하게 말하는 사람은, 개보대장경을 엎어놓고 베꼈다고 비판적으로 말하기도 한다. 이 말은 불경의 수집과 출판에 전제되어야할, 불교와 불경에 대한 독보적인 학술적 성과가 부족함을 지적하는 말이다. 고려 '초조대장경'을 만든 것이 11세기 때이니, 불교가 삼국에 전래된 지 5백 년이 넘은 시점이다. 송나라에서 개보대장경을 만든 때는 이미, 서방의 여러 종교가 중국에 들어와 몇 백 년에 걸쳐 번성한 뒤였다. 게다가 이러한 종교들은 자신들의 경전을 불경과 흡사하게 번역하여 유통시키고 있었다. 페르시아에서 건너온 마니교(摩尼敎)는 '마니광불'(摩尼光佛)을 말했다. 네스토리우스파 기독교에서도 예수 그리스도를 가리켜 '세존'(世尊)이라고 했다. 충분한 지식이 없다면 불교로 혼동하기 십상이다.

고려의 초조대장경은 〈대반야경〉 6백 권, 〈화엄경〉, 〈금광명경〉, 〈법화경〉을 포함한 6천여 권을 목판에 새긴 것이었다. 그 다음에는 대각국사 의천이 〈금광명경〉처럼 호국(護國)에 관련한 불경 4,700여 권을 구해다 1092년부터 9년에 걸쳐 경판에 새겼다. 이를 '속장경'이라고 한다. 양자를 합하면, 불경의 권수는 일만을 훌쩍 넘긴다. 그러나 1232년 대구 팔공산 부인사에 보관되어 있던 초조대장경과 속장경이 몽골군대에 의해 불에 탔다.

고려 고종 때 대장경을 다시 만들기로 결정하여 1236년부터 1251년까지 16년에 걸쳐 완성했다. 이 대장경을 '재조대장경' 혹은 '고려대장경'이라고도 하고 '팔만대장경'이라고도 한다. 경판의 수는 81,137개였다. 경판의 양면에 글자를 새겨 넣었는데 한 면에 들어간 글자 수는 대략 300자 정도이니 경판 하나당 약 600자이다. 그러므로 '팔만대장경' 글자수는 5,200만 자에 달한다. 뜻을 새기며 정독할 때 하루 4~5천 글자를 읽는다고 가정한다면 대장경 전체를 읽는 데는 약 30년이 걸린다. 해인사 팔만대장경을 영인본으로 만든 적이 있다. 1090쪽으로 한 권을 묶어 모두 48권의 전집이다. 이를 1964년부터 한글로 완역하는데 37년이 걸렸다. 한글로, 318권짜리 전집이다.

송나라 개보대장경은 10세기 말에 만든 것으로, 중국 최초의 대장경이다. 불교의 경장, 율장, 논장을 모은 일종의 '콜렉션'이다. 인도 안에서 불경을 모으면 '결집'이라고 하고 인도 밖에서 모으면 '대장경'이라고 한다. 하지만 인도에서 있었던 3차례의 결집과, 비록 인도의 서북부이지만 이민족 쿠샨 왕조가 다스린 '카슈미르'에서의 결집(북방불교의 4차 결집), 그리고 중국과 한국의 '대장경'에는 중대한 차이가 있다. 무엇보다도 '대장경'은 불경의 첨가가 무비판적으로 이뤄졌다는 점이다. 속장경을 만들 때 의천은 〈금광명경〉과같은 호국불경들을 집중적으로 추가했다. 〈금광명경〉은 호신능력이 뛰어나서 이 불경을 지니고 있으면 안전하다는 신앙을 배경으로 한다. 이것이 어떻게 불설(佛說)로 간주될 수 있는지 의아스러울 뿐이다. 이런 책을 수천 권씩 구해다 속장경을 만들었고, 그 인쇄본을 기초로 팔만대장경을 만들었다. 이런 발상을 이어간 것이 일본에서 만든 '신수대장경'이다.

7. 신수대장경(新脩大藏經, 1924-34)

제작 당시의 연호 '다이쇼오'(大正)를 붙여 '대정신수대장경'이라고도 한다. 오늘날 한역 불경연구의 표준 역할을 한다. 고려대장경(해인사 팔만대장경)을 근간으로 해서, 송나라 이후의 중국 대장경들, 둔황(敦煌)에서 발견된 사본으로부터 문헌을 증보하여 총 100권짜리 대장경을 활자판으로 간행했다. 제1권부터 제85권까지가 경서류이다. 여기에는 불교문헌이 아닌 타 종교의 문헌도 불경에 포함시켰다. 석가모니가 육사외도로 규정하여 멀리하라고 한, 힌두교 육파철학인 상키야 학파와 바이세시카 학파의 논서들이 포함되어 있다. 이들 철학은 국왕 앞에서 불교를 논파한 학설들이다. 게다가 신수대장경 제54권에는 마니교와 경교(네스토리우스파 기독교)의 한자 경서들까지 포함하고 있다. 단순히 앞으로, 불교 교학의 발달에 참고할 요량으로 첨가한 것들로 보이지 않는다. 정확한 해석을 곁들이지 않으면 불경으로 착각할 정도로 불교화 된 문헌들이었다.

마니교 경서류는 〈마니교하부찬(摩尼教下部讚)〉과 〈마니광불교법의략(摩尼光佛教法儀略))이 눈에 띈다. 8세기 초반에 작성된 문서로서 마니교가 중국에 들어와 거의 완벽하게 불교화 된 모습을 보여준다. 여기에 그치지 않았다. 마니교는 불교에도 침투해 불교도들로 하여금 '마니불'(摩尼佛)을 신봉하게 만들었다. 〈천수경〉에도 등장한다. 죄업을 소멸시키기 위해 부르는 부처이름 가운데 '환희장마니보적불'과 '제보당마니승광불'이 마니교에서 온 부처라고 한다. '마니당불'(摩尼幢佛), '마니당등광불'(摩尼幢燈光佛)이라는 부처의 명칭도 마니교에서 온 것으로 보인다.

신수대장경에는 '경교'의 문헌도 몇 가지 싣고 있다. 〈서청미시소경(序聽迷詩所經))이라는 문헌이 그 가운데 하나이다. '하나님' 혹은 '신'(神)이라는 명칭을 '부처'를 뜻하는 한자 '불'(佛)로, '예수'를 가리켜 '세존'(世尊)이라고 부르고, 불법의 수호자인 '아라한'(阿羅漢)이라는 용어를 사용했다. 〈경교삼위몽도찬(景敎三威蒙度讚))이라는 문서도 신수대장경에 포함되어 있다. '네스토리우스파 기독교의 삼위일체 영광송'이라는 뜻의 찬송가이다. 경교 역시, 중국에 들어와 '명교'(明敎)라고도 불린 마니교처럼 많은 부분에서 불교를 차용하기도 하고 영향을 미치기도 하였다.

대승(大乘)은 큰 수레에 커다란 유(酉)를 실어왔는데 물(水)을 담아 주(酒)를 만든다고 하면서 한없이 퍼부어 도로 물이 되었고

분별없이 부은 탓에 마시기도 어렵게 만들었다고 하면 지나친 비유일까?

종파불교의
세계

—

우리 조상이 불교를 접한 것은 A.D. 4세기 말부터이다. 고구려 소수림왕(小獸林王) 2년(A.D. 372)에 전진(前秦)의 순도(順道)가 불상과 불경을 전해주었다고 한다. 앞에서 살펴보았듯이 '불상'은 석가모니 혹은 근본불교가 아니라 서역의 신흥불교를 대표하는 상징물이며, 교학(敎學)의 체계보다는 '신앙행위'를 중시하는 종교였다는 뜻이다. 이때 전래된 불경은 서역출신의 구마라습이 장안(長安)에서 본격적인 역경작업을 하기 1세대 전이니 제대로 된 번역이 아니었을 것이다. 중국불교사에서 이 시기의 중국불교를 '격의불교'라고 한다. 그렇다면 중국을 통해서 불교를 전해 받은 우리나라 삼국시대의 불교는 '격의불교'라는 중국식 불교라는 틀 안에서 시작했다는 의미이다.

1. 격의불교(格義佛敎)

격의불교란 불교의 '교설'(敎說)을 불교 자체에 의거해서 제대로 이해하지 못하고 중국의 도교 유교 등의 학설을 통해 엇비슷하게 감을 잡던 시기라는 뜻이다. 한마디로, '유교식' 혹은 '도교식' 불교라는 한계를 갖는다는 뜻이다. 유교 혹은 도교와 비슷한 것이 상대적으로 쉽다고 느꼈을 것이다. 그래서 '반야경'이 유행했다. '반야경'의 핵심단어를 '순야다'로 파악하고 이 '순야다'를 '공'(空)이라고 번역한 것이 A.D. 5세기 초의 구마라습이다. 구마라습의 번역과 강좌, 그리고 3천 명의 제자를 배양한 덕에 중국은 불교의 핵심사상을 '공'이라고 이해하게 되었다. 그렇다면 고구려에 불교를 전해준 '순도' 역시 불교가 무엇인지 정확히 몰랐을 것이다.

구마라습의 뒤를 이은 걸출한 번역자는 삼장법사 현장(A.D. 600-664)이다. 현장은 627년~629년 사이에 인도 나란다 사원으로 유학을 떠나 645년에 귀국했다. 개략적으로 말하자면 13세에 출가해서 약 15년을 공부한 뒤, 나란다에서 산스크리트어를 15년 공부하고 돌아와, 죽을 때까지 20년 가까이 불경번역에 집중했다. 현장은 불경번역의 신기원을 이룩했다.

2. 소의경전(所依經典)

앞장에서 살펴본 것처럼, 불경의 양은 처음부터 많았다. 대승불교가 유행하면서 불경의 양은 방대하게 늘어났다. 산스크리트 원본조차도 여러 종류였다. 불설을 오직 석가모니의 원음(原音)이나 친설(親說)만으로 한정하지도 않고, 찬술 기준도 없이 모든 깨달음이 부처의 깨달음이라고 하면서 '석가모니'의 이름으로 불경에 포함시켰다. 석가모니가 입멸한 지 천 년이 지나도록 이렇게 했다. 불교를 전래받는 중국이나 한국의 입장에서는 기독교 성경의 '하나님' 혹은 '주님'을 모조리 '불'(佛)로, 예수를 세존(世尊) 혹은 석존(釋尊)이라고 번역하면 기독교를 불교의 한 종류로, 기독교 신학을 불설(佛說)을 논하는 교설로 착각할 수밖에 없었을 것이다.

불설(佛說)이 석가모니의 설법인지 후대에 추가된 교설인지 헷갈리고, 다양하고 모순적인 경전들이 무수히 등장한 중국 무대에서, 기초를 든든히 하고 중심을 잡고 체계를 다지기 위해서는 당연히 '기준점'과 '기준틀'이 필요했다. 이것이 중국에서 '소의경전'과 '교상판석'이 대두되고, 이에 따라 불교종파가 다양하게 배출된 배경이다.

'소의경전'이란 많은 불경 가운데 하나를 붙잡고, 그 불경에 의거해서 불교종파를 세운다는 것이다. '소의경전'이 없다면 수천,

수만 권의 불경 가운데 무엇에 마음을 집중할지, 어떻게 수양할지 도무지 감을 잡지 못할 것이다. 따라서 '소의경전'을 정해야 '신앙방법론'을 세우고 길을 만들어갈 수 있다. 그래서 반야경을 기준으로 하는 불교종파, 화엄경을 기준으로 하는 불교종파, 법화경을 기준으로 삼는 종파가 만들어지게 된다. 미륵신앙을 추종하는 정토종은 미륵과 관련된 6개의 불경 가운데 세 개를 선정해서 '미륵삼부경'을 소의경전으로 삼는다. 대승불교에서 소의경전으로 가장 널리 받아들여진 불경이 〈화엄경〉이다. 천태종에서 소의경전을 삼는 불경은 〈법화경〉이다. 대한불교 조계종의 소의경전은 종헌에 '금강경'과 '전등법어'라고 명시되어 있다.

3. 교상판석(教相判釋) : 종파불교의 틀

지나치게 방대하게 늘어나고, 서로 충돌을 일으키는 불경의 바다는 어떤 특정한 불경으로 선택의 폭을 좁힐 수밖에 없도록 만들었다. 어떤 특정한 종파가 어떤 특정한 불경을 '소의경전'을 삼는다는 것은 단지 그 불경의 문장이 아름답거나 어떤 취향 때문이라고 말할 수는 없다. 설득력과 신뢰도가 떨어진다. 특별한, 반박의 여지가 없는 설명과 논증이 필요하다. 다른 경전들은 무엇이며 다른 불교종파는 왜 열등한지 합리적으로 설명해야 한다. 게다가 소의경전을 삼아도 그 불경을 어떻게 해석해야 옳은지 등에 관한 명확한 설명이 필요하다. 이러한 틀을 '교상판석'(教相判釋)이라고 한다. 교상판석이 완성되어야 비로소 '불교종파'가 성립된다. 종파의 개조는 새로운 종교를 완성한 사람이다.

교상판석이란 사법인을 가르치는 모든 것을 '불교'라고 정의한 뒤에, 수천 가지 불경과 갖가지 설을 일목요연하게 분류하고 경중을 평가하여, 정통의 틀을 정하는 방법론이다. 교상판석을 확정하면 불설 전체를 아우르는 맥을 잡고 종파 설립의 명분이 완성된다. 천태종의 교판은 6세기에 만들어진 '5시 8교론'이다. '5시'는 석가모니의 설법이 다섯 차례에 걸쳐 반복되었다고 가정(假定)한다. 석가모니가 깨달음을 얻은 즉시, 그대로 설법한 때를 '화엄시'라고 한다. 사람들이 알아듣지 못하자 정도를 낮춰 다시 설법했다. 이때를 '녹원시'라고 한다. 이때 설법한 것을 〈아함경〉이라고 하고 여기에서 소승불교가 만들어졌다고 설명한다. 그 다음이 '방등시'(方等時)라는 때인데 소승을 버리고 대승으로 들어가라는 뜻으로 설법했다고 한다. 소승과 대승이 반목하자 서로 다른 것이 아니라는 것을 깨우쳐주기 위해 설법을 다시 했다. 이때를 '반야시'(般若時)라고 한다. 그리고 마지막으로 올바른 진리를 드러낸 '법화열반시'(法華涅槃時)라고 한다. 결국, 〈법화경〉의 가르침이 기존의 모든 것을 완성한 최상의 완성품이라는 주장이다. 여기에 불법을 공부하는 접근방법인 '화의사교'와 불교종파의 수준을 넷으로 나눈 '화법사교'를 합쳐 '팔교'라고 한다. 이에 입각해서 천태종이 시작되었다.

화엄종은 당나라의 법장(法藏: 643-712)이 '5교 10종'이라는 '교판'을 완성하여 성립한 종파이다. '5교'는 경전에 따라 불교종파를 다섯으로 나눈다. 〈아함경〉을 의존하는 '소승교,' 〈반야경〉과 〈해심밀경〉을 따르는 '시교'(始敎), 대승기신론이나 〈능가경〉을 따르는 '종교'(終敎), 〈유마경〉을 따르는 '돈교'(頓敎), 곧장 깨달음으로 들어가도록 가르치는 〈화엄경〉이나 〈법화경〉을 따르는 '원교'(圓敎), 이렇게 다섯 가지 불교로 분류한다. 그리고 주체와 객체, 진리의 실체를 어떻게 가르치느냐에 따라 열 가지 종파로 나눴다.

불교가 걸어온 길을 타산지석으로 삼아야 한다. 불교의 오늘날 모습을 통해, 우리 자신의 얼굴을 바라보아야 한다. 방심하고 나태하여, 기독교 본연의 모습을 철저히 내면화하고 성경의 명령에 충실하지 않고 엄벙덤벙 인본주의를 따라가면 불교의 전철을 그대로 밟아가게 된다. 경계해야 할 일이다. 불교의 모습에서 반성해야 할 점을 몇 가지만 정리해보자.

1. 믿고 싶은 대로 믿는 종교

외람된 말이지만, 불교는 '석가모니의 이름을 붙여' 자기가 믿고 싶은 대로 믿는 종교라고 할 수 있다. 욕망을 갖가지 오묘한 말로 치장할 뿐이다. 불교는 자기 고유의 것이 없다. 온갖 좋은 것을 수집해서 모아놨을 뿐이다. 온갖 좋은 것을 모아놨으니 불교 안에는 좋은 것이 많다. 물론, 천재적으로 탁월한 종교지도자들이 있었다. 그리고 지금도 있다. 위대한 철학자, 지고한 위인(偉人)처럼 놀라운 인물들이 있다. 훌륭한 어록(語錄)도 많고 새겨들을 이야기도 많다. 그러나 석가모니의 진짜 목소리는 찾기가 힘들다. 석가모니가 가르친 "진리"가 무엇인지 알 도리가 없다. 소원성취를 바라는 욕망의 목소리가 지배한다.

2. 있는 것도 아니고 없는 것도 아닌 종교

'종교'라는 말은 "최고의 불변적 진리"를 가르친다는 뜻이다. 진리는 통한다고 말하지만, 진리는 결코 거짓 혹은 오류와 통할 수가 없다. 진리는 거짓 혹은 오류에 대해 냉혹하고 가차 없다. 진리를 추구하고 진리를 알아간다면 당연히, 총명해지고 지혜로워질 수밖에 없다. 오류를 일으킨 사람, 거짓말을 하는 사람은 용서해줄 수 있어도, 오류와 거짓은 철저하게 색출해서 없애버려야 한다. 바로 오류와 거짓은 반드시 드러내서 바로 잡아야 할 대상이다. 애매모호와 혼동은 오류와 거짓이 득세하도록 부추길 뿐이고, 사람을 어리석게 만들 뿐이다.

3. 변혁과 개혁의 추동력이 없는 종교

불교를 중시한 나라 가운데, 스스로 변혁을 일으키고 자력으로 발전한 나라가 없다. 불교가 발전과 개혁의 원동력이 된 사례가 있는지 모르겠다. 필자가 보기엔 없다. 이미 강대해진 민족과 나라가 불교를 가져다 썼을 뿐이다. 나라가 존망의 위기에 처했을 때 불력(佛力)에 매달렸지만 불심 덕택에 위기를 모면하고 홍

왕했던 나라는 없다. '부처를 믿어서 그랬다'다기 이전에 냉철하고 엄밀하게 진리를 추구하지 않고, 애매모호함과 얼렁뚱땅을 추구한 탓이라고 해야 한다. "좋은 게 좋은 것이야!"라는 말은 신앙인이 함부로 써서는 안 된다. "복 많이 받는 것이 최고야!"라는 사고방식은 좋지 않다.

4. 참된 평안이 없는 종교

마음이 편안하면 그만이라는 말은 자신을 속이는 말이다. 체념하고 받아들일 수밖에 없는 경우도 있기는 하지만, 체념을 습관화하는 것은 잘못이다. 문제에 정면으로 맞서고, 해결할 능력과 방도를 찾아냄으로써 얻는 "평안"이 참된 평화이다. 성경은 사람에게 이런 믿음과 평안을 준다.

5. 지성의 계발과 함양이 없는 종교

'믿음'은 마음의 문제이기도 하고 삶의 문제이기도 하지만 '진리'와 '지성'의 문제이기도 하기 때문이다. 원리적으로 보면, '진리'와 '지성'의 측면이 압도적으로 중요하다. 만일 종교를 열심히 추구하는데도 주변에서 현명하고 지혜로워졌다고 칭찬해주지 않는다면, 진지하게 자신의 신앙세계에 대해 고민하고 반성해봐야 한다. 자신의 경전을 진지하고 깊게 읽으면서, 깨달음의 깊이를 더하는 즐거움을 누려야 한다. 이런 종교체계, 신앙체계는 성경과 기독교 밖에 없다. 성경을 깊이 알고, 철저히 준수하며 살자.

·ᴖᴖᴖᴖᴖᴖᴖ·

"여호와 하나님이여, 주는 광대하시니 주와 같은 이가 없고
주 외에는 참신이 없습니다"

(삼하 7:22)

불 · 교 · 는 · 없 · 다